ACCESO GRATIS ***a la Lectura en la Nube***

Para visualizar el libro electrónico en la nube de lectura envíe junto a su nombre y apellidos una fotografía del código de barras situado en la contraportada del libro y otra del ticket de compra a la dirección:

ebooktirant@tirant.com

En un máximo de 72 horas laborales le enviaremos el código de acceso con sus instrucciones.

La discapacidad laboral: una cuestión de dignidad humana e igualdad

La discapacidad laboral: una cuestión de dignidad humana e igualdad

Autora

KATERINE MUÑOZ SUBÍA

tirant lo blanch

Bogotá D.C., 2024

En caso de erratas y actualizaciones, la Editorial Tirant lo Blanch publicará la pertinente corrección en la página web www.tirant.com.

Muñoz Subía, Katerine, autora
La discapacidad laboral: una cuestión de dignidad humana e igualdad / Katerine Muñoz Subía. -- Primera edición. -- Bogotá: Tirant lo Blanch, 2024.
148 páginas.
(Director de la Colección Laboral / Juan Pablo López Moreno)
Incluye referencias bibliográficas.
ISBN: 978-84-1056-814-3

1. Dignidad de la persona. 2. Derecho laboral. 3. Igualdad ante la Ley. 4. Discriminación en el trabajo -- Derecho y legislación. I. Portela, Jorge Guillermo, escritor de prólogo. II. Título. III. Serie.
LC: K1771 CDD: 344.0159 ed. 23

Catalogación en publicación de la Biblioteca Carlos Gaviria Díaz

Director de la Colección:
Juan Pablo López Moreno

© TIRANT LO BLANCH
EDITA: TIRANT LO BLANCH
Calle 69A No. 4-88, Bogotá D.C.
Telf.: 4660171
Email: tlb@tirant.com
www.tirant.com
Librería virtual: www.tirant.es
ISBN: 978-84-1056-814-3

Si tiene alguna queja o sugerencia, envíenos un mail a: *atencioncliente@tirant.com*. En caso de no ser atendida su sugerencia, por favor, lea en *www.tirant.net/index.php/empresa/politicas-de-empresa* nuestro procedimiento de quejas.

Responsabilidad Social Corporativa: http://www.tirant.net/Docs/RSCTirant.pdf

TABLA DE CONTENIDO

A Pablo Marcelo Coello Serrano, Alex Marcelo,
Valentina Mikaela y Juan Pablo Coello Muñoz,
por ser mi luz e inspiración.

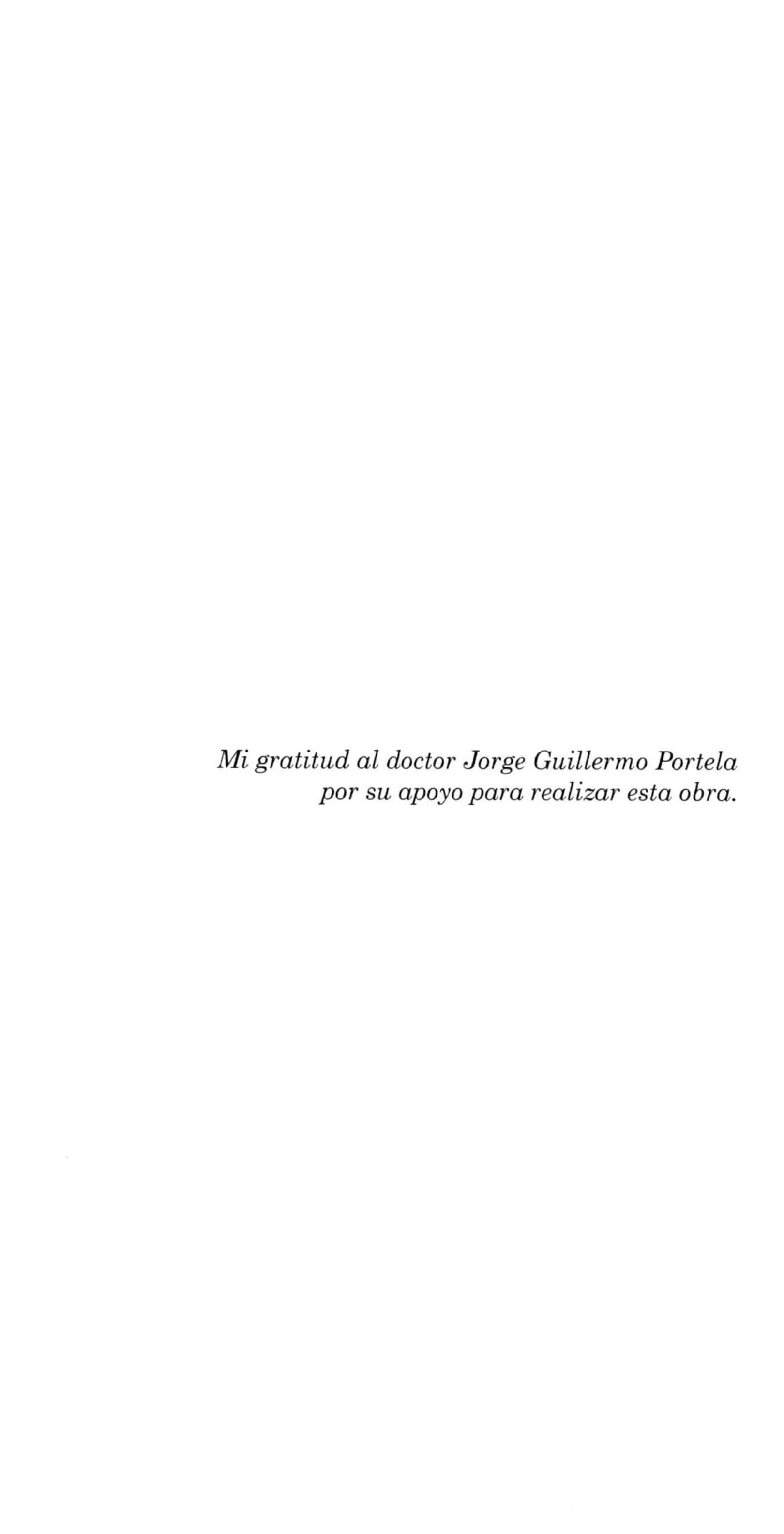

Mi gratitud al doctor Jorge Guillermo Portela
por su apoyo para realizar esta obra.

PRÓLOGO

He leído en alguna oportunidad que un prólogo es algo que siempre se escribe después de un libro y se coloca antes para que no se lea nunca. Esta gran verdad, que comparto absolutamente, me permite no extenderme demasiado y formular la invitación para que nos adentremos en el mundo del derecho laboral, por un lado, y por el otro, en el arduo tópico mencionado a la dignidad del hombre, trasvasado –gracias a la pluma de la autora–, al tema siempre presente referido a la dignidad de los trabajadores.

Esta obra se ha escrito sobre el tronco de la tesis doctoral defendida por la autora en la Facultad de Derecho de la Universidad Católica Argentina, y que fue máximamente ponderada por los jurados intervinientes, la iusfilósofa española, doctora Milagros Otero Parga y el especialista en derecho laboral, doctor Manuel Diez Selva, respectivamente. He tenido la fortuna de ser el Director de esa tesis y me consta la dedicación y el esfuerzo empeñados en el estudio de la cuestión abordada por la aspirante al máximo grado académico.

Claro que la doctora Katerine Muñoz Subía reúne las condiciones ideales para el abordaje de tan importante temática. Joven representante de la judicatura ecuatoriana, pues es Jueza de la Corte Nacional de su país, catedrática, investigadora, madre. No menciono estos rasgos de sus antecedentes al acaso, ya que si nos adentramos en las páginas de esta obra, veremos que ellos se encuentran siempre presentes, en lo que tiene que ver el especial cuidado del respeto que le debemos a la persona humana, pero con un plus realmente extraordinario: la autora no se limita a explicar las normas de derecho positivo existentes en el orden jurídico ecuatoriano. Después de todo, una simple enumeración puede ser hecha por cualquiera, y el trabajo sería puramente escolar. Lo que posee de original esta investigación es que Muñoz nos invita a estudiar el problema de la dignidad desde los griegos, y de esa manera, la consideración del otro, del *alter ego*, como un problema de justicia hasta nuestros días.

Su alcance es universal, por la sencilla razón que los problemas que rodean a la dignidad humana conciernen a todos. Ello coloca a este libro en el escalón más alto de las obras imprescindibles, que no pueden faltar en la biblioteca de cualquier especialista.

En efecto, entran aquí la consideración de otras dos variables, siempre presentes cuando de justicia se habla: la verdad y la realidad. Y es que, ciertamente, resulta imposible darle al otro lo que le corresponde si no apreciamos que forma parte de la realidad. En consecuencia, el injusto diría: *ego suum. Tu non est.* Pero el justo más bien se comportaría así: *ego suum. Ergo, tu est alter ego.*

Considero que este punto de vista no puede ser soslayado, ya que no abundan las obras referidas a temas de derecho laboral, en donde esté presente una profunda consideración iusfilosófica, como podemos leer a poco de iniciar la lectura del trabajo. El acierto de la autora en elegir el tema de la dignidad, resulta innegable. Tiene razón en este punto la notable iusfilósofa colombiana Ilva Myriam Hoyos al sostener que para el saber jurídico, la pregunta acerca del significado que tiene el término persona es la pregunta de las preguntas. ¿Qué es la persona en sentido jurídico? He aquí el interrogante que, durante siglos, ha preocupado doblemente al jurista. Katerine Muñoz ha comprendido que el abordaje de este tópico está imbuido de esa necesaria dimensión histórica que posee el Derecho. La persona, si hemos de recorrer su significado en el curso de siglos, desde los griegos hasta el presente, no es tan solo una realidad puramente normativa: si hemos de entender el hondo sentido que posee el término, debemos tener en cuenta las enseñanzas del derecho natural clásico, especialmente en lo que tiene que ver la noción de *naturaleza humana.*

Claro que emprender esta tarea supone sumergirse en la realidad: en lo que es, en lo que se manifiesta *siendo.* En otras palabras, en la comprensión de las dos notas distintivas del hombre como tal: *su racionalidad y su sociabilidad.* Esta es la conclusión que sacamos –y vaya conclusión– de la lectura de esta gran obra. Volvemos a nuestra Ilva Hoyos: la persona en sentido jurídico es el sujeto de derecho, el soporte de la *cosa justa,* elemento de la relación jurídica, el ser sometido al control de la sociedad, el alguien que realiza actos justos. En fin, la persona en sentido jurídico es el ser racional y libre, el sujeto que actúa. En consecuencia, hay no solo un abordaje descriptivo, sino también otro no menos importante: el plano del deber ser. Es decir, lo que se *debe hacer* desde la praxis política, para solucionar el problema de la dignidad en materia laboral.

Este estudio tiene un alcance universal, por la sencilla razón que los problemas que rodean a la dignidad humana conciernen a todos. Ello coloca a este libro en el escalón más alto, de las obras imprescindibles, que no pueden faltar en la biblioteca de cualquier especialista.

Solo me resta felicitar a la doctora Muñoz y a la academia ecuatoriana ya que este libro, con toda seguridad, se transformará rápidamente en una obra de culto, icónica, que enriquecerá en gran medida a la doctrina jurídica.

JORGE GUILLERMO PORTELA

INTRODUCCIÓN

El desarrollo teórico y normativo de la dignidad en el marco del derecho del trabajo y de la igualdad de las personas con discapacidad, ha cobrado importancia desde la mitad del siglo XX, después de la Segunda Guerra Mundial, hasta la actualidad. Sin embargo, la dignidad no ha tenido un avance amplio de su concepto, tampoco se ha relacionado la igualdad con la gran brecha y diferencia de trato que existen entre personas con discapacidad y las que no la poseen, reflejándose esta situación en prácticas laborales.

Las estrategias para reducir este resquicio y propender a lograr la dignidad y la igualdad de todos los trabajadores, debe comprender un involucramiento de la colectividad para que la aplicación del criterio normativo no quede solo en lo teórico. Por ello, es necesaria la participación de todos los miembros de la sociedad, para combatir la discriminación de las personas con discapacidad.

En este contexto, es imperioso plantear un marco de estudio que permita conocer la trascendencia de la dignidad para el ser humano y su relación con la igualdad. El entendimiento de estos principios en el derecho del trabajo nos permitirá establecer la causalidad existente entre la relación laboral y la protección a nivel nacional e internacional de los derechos de los trabajadores y, a partir de mediados del siglo XX, de quienes se encuentran en situación de discapacidad.

La discriminación de los trabajadores, en general, está dada por la comparación entre dos o más personas, situaciones o cosas, sin justificación razonable. El término discriminación laboral, para el análisis, será entendido como el trato distinto que se impone al trabajador en situación de discapacidad.

En tal virtud, buscamos encontrar las razones por las cuáles los efectos de la discriminación laboral han propiciado una búsqueda permanente de reivindicación de derechos de las personas con discapacidad, para hallar la proporción que debe existir entre estos trabajadores y el empleador.

La protección de los derechos de los trabajadores con discapacidad supera su positivización, porque su tutela está prevista incluso por el derecho natural, al ser aquellos derechos inmanentes, progresivos, y universales. Por ello, aunque la garantía no esté prevista en la norma jurídica, el juzgador puede acudir a principios universales o constitucionales. Así, los resultados obtenidos en este estudio van encaminados a plantear una fundamentación teórica que sirva de base para subsumir a la discapacidad laboral en los principios de la dignidad humana, alcanzar la igualdad de todos los trabajadores y erradicar la discriminación.

En este contexto y para encontrar respuesta al problema planteado, proponemos un conjunto de acciones:

— Examinar desde el iusnaturalismo la dignidad humana y la igualdad para entender su concepción, aplicación, la relación entre dignidad e igualdad, y la importancia de su reconocimiento con el propósito de hacer efectivos los derechos de los trabajadores con discapacidad.

— Justificar la debida aplicación de la dignidad humana y la igualdad, para eliminar toda forma de discriminación laboral de las personas con discapacidad.

Planteamos una metodología de trabajo conforme a los siguientes parámetros:

El **método histórico** es utilizado desde diferentes posturas de la iusfilosofía, para establecer los antecedentes remotos y progreso de la dignidad e igualdad, con el fin de desembocar en el goce y garantía de los derechos de los trabajadores con diversidad física e intelectual.

Se atiende el **método exegético– jurídico** para examinar la Constitución de la República del Ecuador, los instrumentos internacionales, la Ley Orgánica de Discapacidades, a partir del objeto de estudio que es la dignidad humana y la igualdad de las personas trabajadoras con discapacidad.

La metodología expuesta además será sustentada mediante una **bibliografía** con fundamento en las referencias constitucionales, internacionales, legales y doctrinales que identifiquen las soluciones para erradicar desde lo conceptual y lo jurídico, la discriminación laboral de las personas con discapacidad.

Además, pretendemos plantear una concepción teórico–filosófica que tenga como objetivo la interpretación de concepciones doctrinarias y normas jurídicas que permitan lograr de manera eficaz la protección de los derechos de los trabajadores en situación de discapacidad.

Nuestro estudio se divide en tres capítulos:

Capítulo I: *Aproximación al problema de la dignidad.* Este capítulo está destinado al estudio y el examen de la evolución histórica del concepto de dignidad desde las posturas de los griegos y los romanos en la Edad Media. Posteriormente, se procederá a analizar el concepto en Kant y los desarrollos de la doctrina social de la Iglesia Católica del siglo XIX. En el contexto de que estas posiciones han constituido el fundamento de las doctrinas modernas sobre a la dignidad y su relación con el derecho al trabajo.

Capítulo II: *La visión histórica de la igualdad.* En este punto, reflexionamos respecto a las posturas sobre la igualdad de Rousseau, Montesquieu, y de otros autores en la Revolución Francesa, también la perspectiva de la Iglesia Católica. Pues han constituido la base del concepto de igualdad en la edad moderna. Por otra parte, el concepto de igualdad adquiere una importancia fundamental desde el punto de vista político y jurídico, lo que permitirá realizar una proyección de los derechos laborales y la protección jurídica de los derechos a los trabajadores en situación de discapacidad.

Capítulo III: *La discapacidad laboral una cuestión de dignidad humana e igualdad.* En esta parte, comienzan a tomar fuerza la idea de los derechos del trabajo y la concreción que tienen en cartas constitucionales, como en las Constituciones de Querétaro en México y de Weimar en Alemania, y a continuación en instrumentos internacionales hasta llegar al más importante de todos, que es la Declaración Universal de los Derechos Humanos.

Analizaremos el derecho laboral, la dignidad y la igualdad, puesto que la dignidad e igualdad de las personas en situación de discapacidad no están dadas como resultado de una condición diferente frente al resto, sino de las circunstancias favorables o, por el contrario, a partir de las barreras que encuentra este grupo vulnerable en su entorno social. Examinaremos la aplicación de la justicia y la alteridad, tomando en cuenta la presencia del otro y darle lo que le corresponde. Para concluir con el estudio del reconocimiento de la dignidad como un problema de justicia.

Es importante mencionar que la Organización de Naciones Unidas en la Observación General No. 5 utiliza el vocablo *"personas con discapacidad"* y de esta manera lo tratan la mayoría de los ordenamientos jurídicos. Actualmente, no se utiliza minusválido o impedido. Algunos también han omitido la palabra discapacidad porque *prima facie* se entiende como falta de capacidad, más bien se ha optado por hablar de personas con capacidades especiales o con diversidad funcional. Sin embargo, en esta investigación se utiliza el término personas con discapacidad, por así considerarlo apropiado la norma jurídica nacional e internacional.

CAPÍTULO I

1. *Aproximación al problema de la dignidad y de la igualdad*

1.1. *Evolución histórica del concepto de dignidad*

"El concepto de dignidad se ha desvalorizado a causa de su uso inconsistente y excesivo en la retórica política: todos los políticos exaltan la idea de la boca para afuera, y casi todos los pactos de derechos humanos le asignan un lugar de honor".

Ronald Dworkin[1]

Etimológicamente el término dignidad proviene del latín *dignitas* que se traduce como valor. En efecto, tener dignidad representa ser valioso. La dignidad es un concepto filosófico que ha tenido mayor auge en el siglo XX. Ha inspirado los contextos sociales y jurídicos, así como constituido fundamento para las cartas constitucionales modernas y códigos de ética.

Por otra parte, a pesar de que el idioma castellano no tiene una definición precisa, para aprobar o reprochar una conducta humana, se acude a este término y se califica a la persona como digna o indigna. Asimismo, se puede apreciar el vocablo dignidad, entendido de manera distinta. Por ejemplo, quienes están a favor del aborto refieren el "*derecho a la dignidad de la mujer, para decidir sobre su cuerpo*", analógicamente para quienes defienden la eutanasia, y así por el estilo.

> *"...una perspectiva de la dignidad así, sin una determinación clara, sin vocación de valor absoluto o al menos definido es sumamente peligrosa, pues deja al concepto vacío de contenido y difícilmente defendible o sostenible ante los posibles ataques, e incluso hace sumamente difícil la construcción de un marco institucional para tutelarla".*[2]

---

1 Dworkin, Ronald, *Justicia para Erizos*, traducción Horacio Pons; revisión de la traducción de Gustavo Maurino, México, Fondo de Cultura Económica, 2014, p. 36.

2 Martínez Bullé–Goyri, Víctor, "Reflexiones sobre la dignidad humana en la actualidad", México, en Boletín Mexicano de Derecho Comparado, v. 46 no. 136 ene. /abr. 2013. *http://www.scielo.org.mx/scielo.php?script=sci_arttext&pid=S0041-86332013000100002*.

La dignidad es un vocablo que se utiliza de manera indiscriminada, muchas veces con sentido incluso solemne, sin entender su significado, solo porque calza, en modo perfecto en el discurso social, jurídico y político.

En realidad, el concepto de dignidad se ha relativizado. Su uso se ha desprestigiado, se lo ha tomado a manera de dogma o como una mera acción retórica, tornándose en una significación vacía y peligrosamente contaminada. La dignidad es un tema internacional, pluricultural, apasionante, controversial y hasta inagotable por las diferentes posturas que existen respecto a su significado y contexto. El tratamiento que se pretende dar a la dignidad en esta línea de investigación enfoca su contenido desde el punto de vista filosófico.

De ahí que el problema de la falta de definición de la palabra dignidad está dada por su historia. Antiguamente, en Grecia y Roma era común que los títulos de primacía o de altos cargos fueran considerados una dignidad otorgada a la persona a quien favorecía, como una reminiscencia a su posición meritoria en la sociedad.

Esta concepción, que no está sustentada en la condición humana sino en la social, liga la dignidad con la superioridad, justifica la convicción de preponderancia de los griegos y romanos, contrariando lo que hoy conocemos como principio de igualdad. Basados en estos argumentos, para los griegos y romanos la esclavitud fue aceptable y necesaria, pues los dignos no debían realizar tareas corporales, ya que paradójicamente aquello era *"indigno"*.

1.1.1. La dignidad en los griegos

Las primeras manifestaciones del concepto de la dignidad humana en occidente tuvieron lugar en la filosofía griega con los sofistas. Posteriormente, Sócrates, Platón y Aristóteles, formularon la existencia de un derecho natural, en el sentido de que el concepto de naturaleza que utilizan se manifiesta como una perfección de los seres humanos, que es debida al ser mismo como persona. Naturaleza, así entendida, tiene que ver con la noción metafísica de finalidad.

En los Diálogos de Platón, específicamente en la *Apología de Sócrates*, el filósofo entrega una enseñanza de moralidad y dignidad. Durante su defensa, se observa que prefería perder su vida –condenado a pena de muerte– a quebrantar su dignidad. Esta idea se replica en el Critón:

> *"Quizá creéis, atenienses, que yo he sido condenado por faltarme las palabras adecuadas para haberos convencido, si yo hubiera creído*

que era preciso hacer y decir todo, con tal de evitar la condena. Está muy lejos de ser así. Pues bien, he sido condenado por falta no ciertamente de palabras, sino de osadía y desvergüenza, y por no querer deciros lo que os habría sido más agradable oír: lamentarme, llorar o hacer y decir otras muchas cosas indignas de mí, como digo, y que vosotros tenéis costumbre de oír a otros. Pero ni antes creí que era necesario hacer nada innoble por causa del peligro, ni ahora me arrepiento de haberme defendido así, sino que prefiero con mucho morir habiéndome defendido de este modo, a vivir habiéndolo hecho de ese otro modo".[3]

La democracia ateniense condenó a muerte al sabio de setenta años. Sócrates nos instruye que si quien, para seguir vivo, debe dilapidar la dignidad, llevaría una vida que no valdría la pena vivir. Más adelante plantea que la indignidad corre más de prisa que la muerte, mientras que sus acusadores son alcanzados por la maldad.[4] El intento de conservar la dignidad se traduce, en este contexto, en lo que la ley exige.

Entonces, lo óptimo sería actuar para conservar la dignidad y que este hecho en algún momento se entienda en ley moral y luego en la norma jurídica, por eso quien tiene dignidad es el representante de la ley. Sin duda, haber condenado a muerte a un inocente, sería un motivo válido que utilizarían los enemigos de Atenas. Más allá de aquello, como se sabe, las ideas de Sócrates fueron transmitidas a Platón mediante extensas conversaciones o charlas que fueron recogidas en sus *Diálogos* que, si bien han expuesto sus opiniones, se transforman en una explicación no individual sino colectiva a través de la comunicación con los demás.

De esta forma, contribuye a proporcionar reflexiones sobre la dignidad. Aunque no defiende un valor innato al hombre, sino uno obtenido mediante un proceso lento de conocimiento sobre sí mismo y el mundo. Entonces, en este ámbito, solo una culta educación –que es para pocos– le permite al hombre salir de su estado de indignidad y aquella minoría que alcance el mayor grado de moralidad –eruditos– deben ser quienes guíen políticamente a los demás.

"Hay pues, que elegir gobernante y guardián de la ciudad al que haya salido intacto de las pruebas sucesivas en la infancia, la juventud

---

3 Platón, *Diálogos,* introducción general por Emilio Lledó Iñigo, traducción y notas por Julio Calonge Ruiz, Emilio Lledó Iñigo, Carlos García, Madrid, Biblioteca Clásica Gredos, 1985, 38 d, e.

4 Ob. cit. 39 a.

> *y la edad madura; lo colmaremos de honores en vida y después de su muerte erigiremos los más gloriosos mausoleos y monumentos a su memoria".*[5]*"Y comparados con los demás ciudadanos, ¿no son los guardianes los mejores de todos?–Con mucho ¿Y no serán sus mujeres las mejores de entre las mujeres? – Las mejores (...) ¿Y puede haber algo más ventajoso para la ciudad que el que existan en ella hombres y mujeres lo más perfectos posibles? – No, nada hay más ventajoso".*[6]

En consecuencia, Platón no estima la dignidad inherente a la persona en general sino a los griegos y de forma limitada. A pesar de que sostiene la igualdad entre hombres y mujeres,[7] la dignidad del hombre griego no era absoluta, se consideraba en función del lugar que ocupaba en la *polis* y de la perfección de sus capacidades intelectuales y físicas. *"Los hijos de los individuos inferiores e igualmente los de los otros (los hijos de los mejores), si nacen con alguna deformidad, serán ocultados, como es debido, en algún lugar secreto e incierto".*[8]

Igualmente, aprecia que, a la muerte, el alma se separa del cuerpo y le sobrevive. Por ello la importancia de cultivar el alma más que el cuerpo,[9] lo que, de hecho, procura mayor dignidad. Entre paréntesis se puede afirmar que este principio constituiría uno de los fundamentos de la doctrina cristiana.

Posteriormente, Aristóteles, quien vive entre los años 384 al 322 a.C., acepta la divinidad en el hombre y reconoce también la dignidad humana. Coincide con su maestro en valorar las actitudes de esfuerzo del hombre en la sociedad y admite una esencia humana superior.

> *"... Si, pues, la mente es divina respecto del hombre, también la vida según ella será divina respecto de la vida humana. Pero no hemos de seguir los consejos de algunos que dicen que, siendo hombre, debemos pensar sólo humanamente y, siendo mortales, ocuparnos sólo de las cosas –mortales, sino que debemos, en la medida de lo posible, inmortalizarnos y hacer todo esfuerzo para vivir de acuerdo con lo más excelente que hay en nosotros; pues, aun cuando esta parte sea peque-*

---

5 Platón, *La República,* Traducción directa del griego por Antonio Camarero, Buenos Aires, 24ª edición, Eudeba, 2018, 414a.

6 Ob. cit. 456e.

7 Ob. cit. 455e. *"...no hay en la organización de la ciudad ninguna ocupación que corresponda exclusivamente a la mujer ni al hombre en razón de sus sexos, sino que las aptitudes naturales están distribuidas igualmente entre los dos sexos".*

8 Ob. cit. 460c.

9 Platón, *Diálogos, III,Fedón,* Traducción, introducción y notas de C. García Gual, M Martínez Hernández y E. Lledó Iñigo, Madrid, Editorial Gredos, 1988, 64 c.d.e.

ña en volumen, sobrepasa a todas las otras en poder y dignidad. Y parecería, también, que todo hombre es esta parte, si, en verdad, ésta es la parte dominante y la mejor; por consiguiente, sería absurdo que un hombre no eligiera su propia vida, sino la de otro. Y lo que dijimos antes es apropiado también ahora: lo que es propio de cada uno por naturaleza es lo mejor y lo más agradable para cada uno. Así, para el hombre, lo será la vida conforme a la mente, si, en verdad, un hombre es primariamente su mente. Y esta vida será también la más feliz".[10]

Además, para Aristóteles es importante que el hombre sea parte de la sociedad para que alcance su verdadero propósito. La comunidad perfecta de varias aldeas es la ciudad, porque es el fin de ellas. El hombre es un *"animal social"* y es sociable por naturaleza. Al tener palabra el hombre puede manifestar su dolor y placer, y a pesar de que los animales lo expresan también, la diferencia está dada en que el primero utiliza la palabra para pronunciar lo *"conveniente y lo dañoso, lo justo y lo injusto"*, y puede escoger entre el bien y el mal. Este conjunto de aldeas es lo que conforma la ciudad.[11]

El Estagirita hace referencia al honor y al deshonor, encontrando su medio en la magnanimidad, el exceso en la vanidad, y el defecto en la pusilanimidad. Entonces, el hombre magnánimo es digno de honores, porque desear el honor es debido; sin exagerar, pues puede llegar a considerarse ambicioso y, si no lo desea, es un hombre sin aspiración. De ahí que, es importante hallar el justo medio o justa medida.[12]

El concepto de dignidad también fue estimado por los estoicos. Epicteto en *Enquiridión*, expone: "*Has de usar las cosas que sirven al cuerpo, nivelándolas con el decoro y moderación que se debe a la paz y dignidad del alma*".[13] Equiparando el pundonor del cuerpo con la decencia del alma. Por lo expuesto, la dignidad en sus orígenes no tenía un tinte jurídico y político sino filosófico y moral.

Para Séneca, el principal fundamento de su filosofía es moral, es buscar el bien, conservar la virtud y despreciar las cosas vanas. También enseñaba que no se debe desear la fortuna y que la felicidad es un alma libre a la que ninguna cosa le añade o le quita nada.

---

10 Aristóteles, *Ética a Nicómaco*, Introducción por Emilio Ledó Iñigo, Traducción y notas por Julio Palí Bonet, Madrid. Editorial Gredos, 1985, 1178a.

11 Ob. cit. 1253ª.

12 Ob. cit. 1107b.

13 Epicteto, *Enquiridión*, Edición Bilingüe, Estudio introductorio, traducción y notas de José Manuel García de la Mora, Barcelona, Anthopodos Editorial, 2004, Capítulo XXXIII, p. 162.

> *"... dedica una parte de su obra a la condición humana. De la cual dice que alaba especialmente del hombre aquello que no se le puede quitar. Y cuando es preguntado sobre qué es eso, contesta que el alma. Y continúa diciendo que el ser humano es un ser racional cuya finalidad es vivir de acuerdo con su naturaleza".*[14]

1.1.2. La dignidad en los romanos

Ante una posición de dignidad limitada al hombre y de los filósofos griegos a su mundo, los romanos transcendieron la dignidad a otros miembros de la especie humana. No es digno solo el ciudadano romano sino toda persona de cierto nivel. Siguiendo la enseñanza cristiana, la dignidad forma parte del alma, y se considera al hombre partícipe de los caracteres de Dios.

Todo ciudadano romano debía tener tres virtudes: *dignitas, pietas y virtus* –dignidad, piedad y virtud–. *Dignitas* relacionada con el decoro, con una posición elevada, que la asumía por la designación del emperador o por méritos. Al efecto, en el Imperio Romano existían, en principio, grupos de personas que poseían dignidad y quienes no.

Un cambio surge con Cicerón, introductor del estoicismo en Roma, quien manifiesta que: *"el alma ha sido creada por Dios, y por ello puede decirse que nosotros somos una familia celestial".* Además, refiere la superioridad del hombre sobre el resto de los seres vivos. Dicha supremacía humana se da precisamente por la dignidad que poseen los seres humanos en su similitud con Dios.[15]

En efecto, en forma casi instintiva se piensa en la dignidad como la superioridad intrínseca de los seres humanos por encima del resto de seres. Esta superioridad dada por la capacidad del hombre por su alma racional, hecho a la imagen y semejanza de Dios que se consolida en sus perfecciones, universaliza el concepto de dignidad. Toda persona es poseedora de dignidad por el solo hecho de ser; humano.

Es en virtud de esa racionalidad, que a todos los seres humanos –hombre, mujer, niños y ancianos– se les atribuye dignidad, sin excepción.

Cicerón acepta la igualdad del hombre como su dignificación.

---

14 Otero, Milagros, *Dignidad y solidaridad: dos derechos fundamentales,* México, Editorial Porrúa, 2006, p. 41.

15 Cicerón, Marco Tulio, *Sobre las leyes,* Edición bilingüe, Traducción, notas e introducción, Laura E. Corso de Estrada, Ediciones Colihue, Buenos Aires, 2019, Libro I, 1, 24 25.

> *"En efecto, ninguna cosa es tan semejante a otra, tan pareja, como lo somos el conjunto de los hombres entre nosotros mismos. Si la corrupción de las costumbres o la divergencia de las opiniones no torciera y desviara la debilidad de las almas a su arbitrio, no habría nadie que fuese tan semejante asimismo como lo son todos los hombres entre sí. Y de esa manera, cualquiera sea la definición de hombre, una sola es válida para todos".*[16]

Es importante manifestar que la correspondencia entre dignidad e igualdad se verifica porque existe una unión natural y universal entre todos los hombres.

Siguiendo con el análisis, se observa que para la fe cristiana la dignidad humana, como ha quedado expresado, está fundamentada en que el hombre ha sido creado a la imagen y semejanza de Dios (Génesis 1:27) con la inteligencia, voluntad, cuerpo, alma y espíritu, que es lo que le diferencia de los animales que no tienen dignidad.

Entonces, las personas poseen dignidad por sí mismas, no dependen de ninguna acción, y ello no se altera en lo absoluto. Todos los seres humanos tienen igual dignidad respecto a sus derechos y deberes. Esta es la dignidad ontológica, que es eminentemente moral: Los hombres son dignos en razón de su lugar en la naturaleza divina.

En la época del Imperio Romano, San Agustín en su obra *"Ciudad de Dios"*, dice:

> *"Él creó al hombre recto con libre albedrío, y lo creó animal mortal, es verdad, pero digno del cielo si se unía al Autor, y condenado a una miseria congruente con su naturaleza si lo abandonaba. Y previendo que también éste había de pecar, violando la ley divina y abandonando a Dios, no le privó de la potestad del libre albedrío, porque preveía el bien que podría reportar de ese mal.–El con su gracia, en efecto, va reclutando entre esta raza justamente condenada un pueblo tan numeroso, que viene a ocupar la vacante que dejaron los ángeles. Y así, esta Ciudad amada y soberana, lejos de verse defraudada en el número de ciudadanos, se regocija en reunir quizá un número más crecido".*[17]

En este fragmento San Agustín ratifica lo que la dignidad ontológica propone: el hombre siempre posee dignidad por haber sido hecho a la imagen y semejanza del Creador. Es digno del cielo si se

---

16 Ob. cit. Libro I, 10–27.

17 San Agustín, *Obras de San Agustín, Ciudad de Dios,* Edición Bilingüe, XVII, Segunda Edición Preparada por el Padre José Morán, Madrid, Biblioteca Autores Cristianos, 1965, XXII, 2, 1.

mantiene en alianza con Dios, y es indigno si no actúa conforme a las disposiciones divinas. A pesar de aquello no se le quitó la libertad de decidir. De ahí, la analogía entre dignidad y libertad, porque las dos provienen del alma, de la divinidad misma. La dignidad, entonces, propicia la autosuficiencia moral de los seres humanos para establecer sus decisiones libres y sus límites.

Por lo expuesto, lo que se vislumbra a lo largo de la historia es que todo ser humano tiene dignidad y superioridad ante todos los otros seres vivientes en la Tierra –dignidad ontológica–. A su vez, el individuo es capaz de elegir voluntariamente sus acciones u omisiones, y sus correspondientes consecuencias, muchas veces de carácter jurídico –dignidad ética–. La libertad en este sentido es aplicable tanto a la dignidad ontológica como a la ética.

1.1.3. La dignidad en la edad media

En el nuevo humanismo, Fernán Pérez de Oliva, en su *Diálogo de la dignidad del hombre,* hace un análisis en oposición al concepto de dignidad en la Edad Media y establece un efecto antropológico. Mediante una conversación entre Aurelio y Antonio a la que se une Dinarco como juez, se observa que Antonio se refiere al hombre como el eje de la creación y defiende su dignidad, mientras que Aurelio concibe al ser humano, no como un espíritu divino y bienaventurado por su Creador, sino como un ser débil, que se corrompe, propenso al vicio y con aptitud para hacer el mal, *"...es el hombre el mayor daño del hombre".*[18]

El diálogo apunta a que el hombre ha de buscar la doctrina de su vida con entendimiento –aunque este sea errado e incierto– que el alma es la voluntad que pasa luchando entre dos extremos: la razón y el apetito natural. La razón llama a la voluntad para que siga la virtud, mientras que el apetito natural busca saciarse en sus deleites.

El hombre en el que predomina la razón procura que su voluntad se mantenga en el camino de la virtud, pues el alma tiene libertad para escoger las acciones que el cuerpo ha de tomar. La reflexión de este escrito está dado, en razón de que la dignidad del hombre se

---

18 Pérez de Oliva, Fernán, "Diálogo de la dignidad del hombre", en Obras escogidas de Filósofos, t. LXV, Madrid, Biblioteca de autores españoles, 1873, p. 388.

verifica cuando la voluntad se llena de virtud para cumplir los mandamientos de Dios.[19]

Como antecedente a la modernidad, ya en el Renacimiento, otro autor que trata sobre la dignidad es Giovanni Pico della Mirandola, uno de los más grandes filósofos del renacimiento, autor del famoso *"Discurso sobre la dignidad"*. A diferencia de Cicerón, que atribuye al ser humano por naturaleza una cualidad distintiva de los animales, para Pico della Mirandola, el hombre tiene dignidad no por una cualidad inmutable, lo que le otorga dignidad, es la libertad absoluta, la decisión sobre los aspectos de su vida.

A continuación, un fragmento:

> *"Oh Adán, no te he dado ni un lugar determinado, ni un aspecto propio, ni una prerrogativa peculiar con el fin de que poseas el lugar, el aspecto y la prerrogativa que conscientemente elijas y que de acuerdo con tu intención obtengas y conserves. La naturaleza definida de los otros seres está constreñida por las precisas leyes por mí prescritas. Tú, en cambio, no constreñido por estrechez alguna te la determinarás según el arbitrio a cuyo poder te he consignado. Te he puesto en el centro del mundo para que más cómodamente observes cuanto en él existe. No te he hecho ni celeste ni terreno, ni mortal ni inmortal, con el fin de que tú, como árbitro y soberano artífice de ti mismo, te informases y plasmases en la obra que prefirieses. Podrás degenerar en los seres inferiores que son las bestias, podrás regenerarte, según tu ánimo, en las realidades superiores que son divinas".*[20]

El Discurso en un inicio se dirige a los sabios. El autor relata como el hombre fue creado por Dios, inmortal y libre, sin condiciones, con un aspecto propio y con la libertad de elegir. Excepto, que no debía comer del árbol del conocimiento. En la filosofía de Pico della Mirandola, el hombre es único, y prevalece sobre todos los demás seres, en razón de su libertad. Esta superioridad se traduce en su dignidad,

---

19 Ob. cit. p. 263. *"Por lo cual cesen, Aurelio, tus quejas del entendimiento, no parezcas a Dios desagradecido de tan alto don, y ahora escucha la gran excelencia de nuestra voluntad. Ésta es el templo donde a Dios honramos, hecha para cumplir sus mandamientos y merecer su gloria; para ser adornada de virtudes y llena del amor de Dios y del suave deleite que de allí se sigue. La cual nunca se halla del entendimiento desamparada, como piensas, porque* él, *como buen capitán, la deja bien amonestada de lo que debe hacer cuando de ella se aparta a proveer las otras cosas de la vida; y los vicios que la combaten no son enemigos tan fuertes que ella no sea más fuerte, si quiere defenderse".*

20 Pico della Mirandola, Giovanni, *Discurso sobre la dignidad del hombre*, https://biblioteca.acropolis.org/discurso–sobre–la–dignidad–del–hombre/.

"...que el hombre, familiar de las criaturas superiores y soberano de las inferiores, es el vínculo entre ellas".[21]

Nótese que, Pico della Mirándola consideraba que los anteriores filósofos no habían estimado al hombre en su real dimensión. Le dio la importancia de elevar al ser humano en el sustento de su libertad. El hombre está en una posición intermedia. Se coloca en medio de una naturaleza superior, en la que están los ángeles y, de una naturaleza inferior, que incluye el resto de los seres vivos.

A su entender, el hombre es familiar de las criaturas superiores, tiene algo común con los ángeles, en razón de su divinidad y soberano de los inferiores. Por eso Dios dijo que el hombre: "*...se señoree en los peces del mar, y en las aves de los cielos, y en las bestias, y en toda la tierra, y en toda serpiente que se anda arrastrando sobre la tierra",* (Génesis 1:26). Siendo el hombre el vínculo entre los seres superiores e inferiores, porque tiene características de ambos.

1.2. Idea de dignidad. Dignidad en Kant. El principio de autonomía

"En el lugar de lo que tiene un precio puede ser colocado algo equivalente; en cambio, lo que se halla por encima de todo precio y no se presta a equivalencia alguna, eso posee una dignidad".

Kant Immanuel[22]

Kant es el filósofo moderno que ha analizado con mayor amplitud la cuestión de la dignidad.[23] Ella se fundamenta a su juicio, en el principio de autonomía, que es una de las tres formulaciones[24] que

---

21 Pico della Mirandola, Giovanni, *Discurso sobre la dignidad del hombre*, https://biblioteca.acropolis.org/discurso–sobre–la–dignidad–del–hombre/.

22 Kant, Immanuel, *Fundamentación para una metafísica de las costumbres*, Versión castellana y estudio preliminar de Roberto R. Aramayo, Madrid, Alianza Editorial, 2012, [A 77] p. 148.

23 McCrudden, Chistopher, "Human Dignity and Judicial Interpretation of Human Rights", en *The European Journal of International Law*. Vol. 19 no. 4 2008, p. 659. https://core.ac.uk/download/pdf/10069541.pdf , *"...over time, this connection between dignity and Kant has become probably the most often cited non–religiously–based conception of dignity. Some, indeed, regardhim as 'the father of the modern concept of human dignity'", "Con el tiempo, esta conexión entre la dignidad y Kant se ha convertido probablemente en la concepción de dignidad no basada en la religión más citada. Algunos, de hecho, lo consideran como 'el padre del concepto moderno de dignidad'".*

24 Las otras formulaciones son: primero, el principio de la universalidad o de igualdad, esto es que la máxima de la conducta se convierta en una ley universal, por ejemplo: No se puede robar, porque siempre es malo hacerlo. Si todo el mundo

posee para demostrar lo que él denomina la primera máxima –imperativo categórico–, que es una especie de test que puede aplicarse a los efectos de saber cuán morales son nuestras acciones. El imperativo categórico, básicamente, tiene esas tres formulaciones: la universalidad o igualdad, el respeto y la libertad o autonomía, que forman parte de la ley moral.

Entonces en el principio de autonomía, el hombre tiene que ser tratado como un miembro autónomo del reino de los fines,[25] y respetado en sí mismo. Este principio es tomado por los filósofos modernos como fundamento de la dignidad, por eso es tan importante para la filosofía moderna la formulación del concepto kantiano.

El principio de la autonomía se revela por la conciencia de cada individuo y por su libertad, concentrada en el reino de los fines.

> *"La autonomía es, pues, el fundamento de la dignidad de la naturaleza humana y de toda naturaleza racional». Como dice Rosen, en Kant «la dignidad, más que ser una cualidad intrínseca de todos los seres humanos en cuanto que llevan la ley moral dentro de ellos mismos, es una característica de aquellos que siguen las órdenes de la ley moral"."*[26]

Kant enaltece el concepto de dignidad al complementarlo con su filosofía moral, pues si bien en su obra *Fundamentación para una metafísica de las costumbres,*[27] utiliza la palabra dignidad de manera ocasional, no obstante la maneja como sinónimo de sujeto autónomo, auto legislador, fin en sí mismo y compendio de la humanidad.

---

robara, no existiría la propiedad privada. Esta conducta no puede universalizarse. Segundo, el respeto hacia las personas, tratar a los otros como se desea que lo traten a uno.

25 Aguirre Pavón, Javier Orlando, "Dignidad, Derechos Humanos y Filosofía Práctica de Kant", Bogotá, en *Vniversitas*. N° 123: 45–74, julio–diciembre de 2011, p. 60, http://www.scielo.org.co/pdf/vniv/n123/n123a03.pdf *"Así, para Kant, el término "reino" funciona como analogía para expresar su idea de una unión sistemática de los seres racionales realizada a través de leyes comunes. Este reino incluiría tanto a los seres racionales considerados fines en sí mismos, como a los fines particulares que cada ser racional establece para sí mismo. De esta forma, es claro que si, como un miembro del reino de los fines, un ser racional es capaz de dar leyes universales (leyes que, por lo mismo, también lo cobijan), este ser, y todos los demás que sean como él, tiene una dignidad especial que es la que le otorga el título para actuar así".*

26 Gomá Lanzón, Javier, *Dignidad,* Barcelona, Galaxia Gutenberg, S.L. 2019, p. 185.

27 Kant, Immanuel, *Fundamentación para una metafísica de las costumbres,* versión castellana y estudio preliminar de Roberto R. Aramayo, Madrid, Alianza Editorial, 2012.

Para este autor, la dignidad deriva de la naturaleza racional del hombre, pues, obrar de un modo que se trate al hombre como fin en sí mismo, es una ley moral que puede ser comprendida únicamente por un ser racional. Por ello, la autonomía es el fundamento de la dignidad de la naturaleza del hombre y de la naturaleza racional, porque la naturaleza racional es un fin en sí mismo y el hombre es legislador universal por su dignidad como ser racional.

En su obra *Crítica de la Razón Pura* realiza una diferenciación entre dignidad y felicidad, esta última asimilada con placer o deseo, y por lo tanto, no hace justicia al nivel de la condición humana. En efecto, lo universal y humano no es ser felices sino ser dignos de ser felices. Ser solo feliz –a su criterio– es propio de los animales y de las personas no educadas, se puede impedir a una persona ser feliz, pero no ser digna de ser feliz, que es lo importante.

La dignidad merece felicidad, y añade: *"En cambio, la ley, si es que existe, que no posee otro motivo que la dignidad de ser feliz la llamo ley moral (ley* ética)*",*[28] *"(en cuanto dignidad de ser feliz), la llamo ideal del bien supremo)".*[29] Germán Bidart Campos manifiesta que Kant enseña que nadie puede obligar a otro a ser feliz como *él* imagina el bienestar del otro, sino que cada uno debe buscar su felicidad como mejor le parezca, siempre y cuando no lesione la libertad ajena (ley universal).[30]

La dignidad humana en Kant, al igual que los filósofos anteriores, se considera privativa del ser humano y difiere en el sentido de que la concepción kantiana pretende una validez universal del hombre, sustentada en una noción laica y comprensible para todos. En efecto, para Kant la dignidad constituye la condición para que el hombre sea un fin en sí mismo, no tiene ningún precio, porque es algo interno al hombre; por lo tanto, ser fin es objetivo, no subjetivo.

Lo que es fin en sí mismo, tiene dignidad; lo que es medio tiene precio, esto último sería un acto de deshumanización. La dignidad es oponible incluso al bien común, la dignidad individual es superior también al interés de la colectividad. No hay que olvidar que el

---

28 Kant, Immanuel, *Crítica de la Razón Pura,* Madrid, Alfaguara, 1998, p. 631.

29 *Ob. cit.* p. 633.

30 Bidart Campos, Germán, *Teoría de los Derechos Humanos,* México, Universidad Autónoma de México, Instituto de Investigaciones Jurídicas, Serie G, Estudios Doctrinales, n. 20, 1989, p. 92.

concepto de Kant sobre la dignidad es moral.[31] Cuando reconoce al hombre como fin en sí mismo, acepta que la persona tiene un lugar de preeminencia, al igual que el pensamiento cristiano.

El inconveniente se presenta cuando se desliga del concepto de dignidad, el de la naturaleza del hombre. En efecto, el concepto de dignidad sería vacío, por ello es importante reconocer que la persona depende del respeto a su naturaleza. No se puede definir a la persona y a la dignidad por una cuestión finalista, es decir, que dependa de ciertas conductas o capacidades. La dignidad no es el conjunto de las capacidades humanas. Una persona posee dignidad a pesar de haber perdido sus facultades. No corresponde a una conducta ni a que alguien se la atribuya a otro.

Para Kant la dignidad es asumida por cada persona, como consecuencia de su autonomía. Es la capacidad de darse sus propias normas –éticas– y ser consecuentes con ellas. El principio de universalidad de Kant no es original de este autor.

A través de lo que se conoce con el nombre de regla de oro ética: *"No hagas a los demás, lo que no quieres que te hagan a ti"*, esto, ya tiene una formulación en el nuevo testamento, *"Así haced vosotros con los demás todo lo que deseáis que hagan ellos con vosotros"* (Mateo, 7:12). Para Kant, la *"regla de oro de la* ética*"* es *"Obra de tal modo que uses a la humanidad, tanto en tu persona como en la persona de cualquier otro, siempre al mismo tiempo como fin y nunca simplemente como medio".*[32]

Ciertamente, el principio de universalidad está relacionado con el concepto de dignidad porque se debe tratar a los demás con dignidad, en razón de que al individuo le gustaría que le traten dignamente. En consecuencia, el concepto de dignidad es máximamente universalizable.

El ser humano es fin en sí mismo, además, porque obedece a la razón y posee dignidad, que impide que pueda ser instrumentalizado y convertirse en medio de un fin superior que no existe, porque para Kant no hay nada superior a la dignidad. La dignidad humana no solo implica que la persona no tiene que ser humillada ni ofendida, sino que también se garantice el pleno desarrollo de su personalidad.

---

31 Kant, Immanuel, *Fundamentación para una metafísica de las costumbres,* Versión castellana y estudio preliminar de Roberto R. Aramayo, Madrid, Alianza Editorial, 2012, [Ak, 4, 435] p. 148, *"Así pues, la moralidad y la humanidad, en la medida en que* ésta *es susceptible de aquélla, es lo* único *que posee dignidad".*

32 *Ob. cit.* p. 139. [A 67].

La otra condición tiene que ver con el principio de respeto por las personas. De acuerdo con Kant, el respeto o la falta del mismo es lo que hace a un acto correcto o incorrecto. De tal manera que la universalidad y el respeto por las personas son dos aspectos de igual estándar moral.

> *"Si bien la propia legislación que determina todo valor ha de poseer por ello una dignidad, o sea, un valor incondicionado e incomparable para el cual tan sólo la palabra respeto aporta la expresión conveniente de la estima que ha de profesarle un ser racional. Así pues, la autonomía es el fundamento de la dignidad de la naturaleza humana y de toda naturaleza racional."*[33]

En conclusión, todas las personas, según Kant, deben ser tratadas como fines en sí mismas: el agente moral debe respetar su humanidad tanto como la de otras personas, pero a su vez, el agente debe tratar a las personas con respeto, como fines en sí mismas. Por lo tanto, las contingencias que puedan sobrevenir a los miembros de la comunidad no conllevan la pérdida de la dignidad ni tampoco perjudica su pertenencia a una comunidad moral. La dignidad es un atributo propio del ser humano que, por medio de la moral, busca su perfección y pertenecer a una comunidad de personas morales. Kant expresa que el fundamento de la moral es la buena voluntad que se cultiva por medio del deber.

La diferencia entre dignidad y precio es útil para distinguir entre trabajadores especializados y ciudadanos. Un trabajador especializado ha aprendido un oficio y es competente para ejecutarlo, lo que le permite ganarse la vida produciendo una mercancía o prestando sus servicios, por lo cual recibe un precio; mientras que el mismo trabajador que se encamina en la moralidad llega a ser ciudadano, es decir, está consciente de su dignidad y del respeto por sí mismo y hace al individuo resistente a todo, incluso al interés general y al bien común. Por lo tanto, es más importante ser un trabajador moral –ciudadano– que un trabajador especializado, y si se es ambas cosas, estaríamos frente a un ciudadano trabajador.

---

33 *Ob. cit.*, p. 150. Ak. IV. 436>.

1.3. Dignidad, cristianismo y trabajo. Doctrina pontificia relativa a la dignidad y doctrina social de la Iglesia

"Deseamos, pues, vehementemente que la Organización de las Naciones Unidas pueda ir acomodando cada vez mejor sus estructuras y medios a la amplitud y nobleza de sus objetivos. ¡Ojalá *llegue pronto el tiempo en que esta Organización pueda garantizar con eficacia los derechos del hombre!, derechos que, por brotar inmediatamente de la dignidad de la persona humana, son universales, inviolables e inmutables.*

Papa Juan XXIII [34]

En este punto trataremos sobre la dignidad intrínseca del ser humano, que se basa fundamentalmente en que el hombre es una creatura hecha a la imagen y semejanza de Dios; por lo tanto, tiene un lugar especial en la jerarquía de los seres creados y esto también tiene que ver con el concepto de naturaleza humana que la dignifica y la eleva en el orden de la creación. La doctrina pontificia, específicamente las encíclicas sociales, aparecieron a fines del siglo XIX y estas han acentuado la idea de la dignidad humana y principalmente la del trabajador.

Encíclicas Católicas.- Para la doctrina pontificia, el trabajo humano está indisolublemente unido al concepto de dignidad, de ahí que las Encíclicas se abocan a la justicia social de la que trata la Iglesia Católica, y en el siglo XX la insistencia de la dignidad del trabajo que va a ser ratificada completamente por la *Laborem Exercens (Ejerciendo el trabajo)* de Juan Pablo II.

En 1848 se había escrito el Manifiesto Comunista, en que Marx pregonaba el gobierno de los obreros (dictadura del proletariado) y la desaparición de las clases sociales en un mundo en el que todos tengan acceso a los mismos bienes. Ello se podría llamar: *"un paraíso en la Tierra sin Dios"*, frente a lo cual, la Iglesia tenía una propuesta cristiana para los obreros, ya referida por el Papa Pío IX con la Encíclica *Qui pluribus (El más)* de 1846, que condenaba el liberalismo, y la Encíclica *Quanta cura (Cuanto cuidado)* de 1864, que también censuraba el liberalismo. Con sus postulados se inició lo que se denominó como catolicismo social para defender los derechos de los obreros.

---

34 Papa Juan XXIII, Carta Encíclica *Pace, in terris,* párrafo 145 https://www.vatican.va/content/john-xxiii/es/encyclicals/documents/hf_j-xxiii_enc_11041963_pacem.html.

Posteriormente, se tiene la Carta Encíclica *Arcanum Divinae Sapientiae (La sabiduría secreta),* escrita en 1880 por el Sumo Pontífice León XIII sobre la familia. *"Por lo que toca a la sociedad doméstica y civil, es admirable cuánto haya ganado en dignidad, en firmeza y honestidad".*[35] La Epístola Encíclica, *Aeterni Patris (Padre Eterno),* publicada el 4 de agosto de 1879, sobre la Restauración de la Filosofía Cristiana conforme a la doctrina de Santo Tomás de Aquino, sugiere que la Iglesia está interesada en todas las ramificaciones del conocimiento humano, especialmente de la filosofía, donde la verdad reconocida por la razón no puede refutar la verdad manifiesta por Dios.

La Encíclica *Rerum Novarum*, (De las cosas nuevas).– Escrita por el Sumo Pontífice León XIII, *"Sobre la situación de los obreros"* (15 de mayo de 1891) fue resultado de la Primera Revolución Industrial, que dejó atrás el trabajo derivado de la Edad Media: artesanal y agrícola. Esa fuerza de trabajo en su mayoría analfabeta, tuvo que trasladarse a los lugares donde se habían establecido las industrias.

Los nuevos inventos, fábricas, tecnificación y el comercio mejoraban las condiciones de vida de algunos, pero la mayoría de los obreros eran oprimidos con bajos salarios y largas jornadas. Como resultado, las protestas empezaron a ser evidentes en contra de los gobiernos liberales, que apoyaban esta nueva forma de explotación.

Se puede afirmar que la *Rerum Novarum* fue la primera manifestación formal de la Iglesia Católica con respecto a la condición de los obreros, frente a la política económica y social de la Europa de aquella época, caracterizada por una práctica e ideología eminentemente capitalista en desmedro de la clase trabajadora. Es en realidad el reconocimiento y reivindicación por parte del Vaticano de los derechos laborales, ante el estado de desigualdad entre los grandes grupos económicos y los trabajadores.

> *"...Entre otras manifestaciones para entonces revolucionarias, el calificado Papa de los obreros se pronuncia por el derecho de asociación laboral, por el descanso dominical, por la limitación del trabajo diario, por la prohibición del trabajo infantil, por la especial protección de la mujer trabajadora, por la fijación de un salario mínimo y justo y por la obras de previsión social, entre otras medidas favorables para*

---

35 Papa León XIII, Carta Encíclica *Arcanum Divinae Sapientiae* http://www.vatican.va/content/leo–xiii/es/encyclicals/documents/hf_l–xiii_enc_10021880_arcanum.html.

la salud y los intereses de las clases laboriosas, obligadas a soportar por entonces, según las palabras pontificias, un yugo que poco difería del de los esclavos".[36]

Incursiona así la Iglesia Católica, más allá de la doctrina religiosa, en la doctrina social, incluso al plano jurídico, refiriéndose a verdaderos derechos que en el futuro –como se sabe– serán reconocidos por los Estados en favor de los trabajadores; constituyendo un hito dentro de la institución religiosa, al aceptarse la desigualdad en la repartición de la riqueza, entre los grandes capitalistas y el pueblo obrero, que históricamente sufría condiciones totalmente injustas de pobreza y miseria que se asemeja a la esclavitud. Aun cuando los trabajadores constituían el principal eje de producción de bienes, alimentos y servicios.

Para la Iglesia es importante que el obrero perciba un salario justo para que, además de satisfacer las necesidades básicas, pueda tener capacidad ahorrativa y construir un patrimonio. En este sentido, si bien no relaciona directamente el salario con la dignidad, señala:

> *"...que defraudar a alguien en el salario debido es un gran crimen, que llama a voces las iras vengadoras del cielo. «He aquí que el salario de los obreros... que fue defraudado por vosotras, clama; y el clamor de ellos ha llegado a los oídos del Dios de los ejércitos»".*[37]

Este abuso requiere justicia, incluso cuando el obrero hubiere aceptado laborar en condiciones que le son inmerecidas con tal de no perder la posibilidad de trabajar.

Por otro lado, parte fundamental de la Encíclica en cita es el reconocimiento de la asociación de trabajadores[38] que podría ser reglamentada en derecho, siempre que sus actuaciones no contradigan las enseñanzas y prácticas de la Iglesia. También resulta esencial que

---

[36] Alcalá- Zamora y Castillo, Luis y Cabanellas de Torres, Guillermo, *Tratado de Política Laboral y Social,* Buenos Aires, Editorial Heliasta S.R.L., t. I, 1972, p. 561.

[37] Encíclica *Rerum Novarum,* http://www.vatican.va/content/leo–xiii/es/encyclicals/documents/hf_l–xiii_enc_15051891_rerum–novarum.html, párrafo 3.

[38] *Ob. cit.*, párrafo 34, *"Es preciso que los gremios se adapten a las condiciones actuales de edad más culta, con costumbres nuevas y con más exigencias de vida cotidiana. Es grato encontrarse con que constantemente se están constituyendo asociaciones de este género, de obreros solamente o mixtas de las dos clases; es de desear que crezcan en número y eficiencia. Y, aunque hemos hablado más de una vez de ellas, Nos sentimos agrado en manifestar aquí que son muy convenientes y que las asiste pleno derecho, así como hablar sobre su reglamentación y cometido".*

tal documento pontificio no olvidó la posibilidad de huelga, limitación del trabajo infantil y la instauración del descanso semanal.[39]

Así, la Iglesia conmina al Estado la protección de la clase obrera en aras de mermar la extralimitación de los patronos, estimando necesaria su intervención, con el fin de precautelar el efectivo cumplimiento de los derechos de los trabajadores en favor de tratos más justos por parte de los grandes grupos económicos de la época.[40]

Otra de las cuestiones importantes tratada por la Encíclica es el reconocimiento de varios derechos de los trabajadores como la asociación, la que no se puede confundir con el socialismo, porque esta ideología política fue rechazada por la Iglesia.

En definitiva, del contenido fundamental de la Encíclica *Rerum Novarum*, se puede concluir que en efecto los derechos de la clase obrera constituyeron verdadera preocupación por parte de la Iglesia Católica. Institución que en su momento reconoció el trato injusto que sufrían los obreros por parte de sus patronos, mostrando interés en concienciar a la sociedad en su conjunto –encabezada por el Estado– para mejorar, mediante el Derecho y las enseñanzas católicas, las condiciones de los trabajadores.

La Encíclica *Rerum Novarum* en el siglo XIX alentó la justicia social, la protección a las clases más desposeídas y la organización de los obreros con orientación cristiana.

> *"...si la clase patronal oprime a los obreros con cargas injustas o los veja imponiéndoles condiciones ofensivas para la persona y dignidad*

---

39 Alcalá– Zamora y Castillo, Luis y Cabanellas de Torres, Guillermo, *Tratado de Política Laboral y Social,* p. 563.

40 Ob. cit., párrafo 23, *"Los que gobiernan deben cooperar, primeramente y en términos generales, con toda la fuerza de las leyes e instituciones, esto es, haciendo que de la ordenación y administración misma del Estado brote espontáneamente la prosperidad tanto de la sociedad como de los individuos, ya que éste es el cometido de la política y el deber inexcusable de los gobernantes. Ahora bien: lo que más contribuye a la prosperidad de las naciones es la probidad de las costumbres, la recta y ordenada constitución de las familias, la observancia de la religión y de la justicia, las moderadas cargas públicas y su equitativa distribución, los progresos de la industria y del comercio, la floreciente agricultura y otros factores de esta índole, si quedan, los cuales, cuanto con mayor afán son impulsados, tanto mejor y más felizmente permitirán vivir a los ciudadanos. A través de estas cosas queda al alcance de los gobernantes beneficiar a los demás* órdenes *sociales y aliviar grandemente la situación de los proletarios, y esto en virtud del mejor derecho y sin la más leve sospecha de injerencia, ya que el Estado debe velar por el bien común como propia misión suya. Y cuanto mayor fuere la abundancia de medios procedentes de esta general providencia, tanto menor será la necesidad de probar caminos nuevos para el bienestar de los obreros".*

humanas; si daña la salud con trabajo excesivo, impropio del sexo o de la edad, en todos estos casos deberá intervenir de lleno, dentro de ciertos límites, el vigor y la autoridad de las leyes".[41]

Se preocupó por la ausencia del Estado que debía fijar los límites para que no existan excesos patronales y se proteja a los obreros. Consideró que las relaciones obrero– patronales, serían apacibles si se sustentan en las enseñanzas de la religión católica. *"Puesto el fundamento de las leyes sociales en la religión, el camino queda expedito para establecer las mutuas relaciones entre los asociados, para llegar a sociedades pacíficas y a un floreciente bienestar".*[42]

En tal virtud, la Iglesia fomentó la participación política de los cristianos, para evitar los abusos y la injusticia de la clase obrera, que no tenía derechos mínimos. Al ser la población en su mayoría católica, la Iglesia no podía tolerar la falta de amor al prójimo, ante la subvaloración del ser humano. Su mensaje llega a todos los estamentos, tanto de la burguesía como del proletariado. Entonces, esparce su fundamento de justicia social y si bien, por un lado, defiende que el derecho a la propiedad debe tener cierta finalidad social y estar al servicio de los demás, y en adición a ello contribuir al bien común, por otro lado, señala que una persona no puede ser despojada de su propiedad porque vulneraría sus derechos.

La Encíclica Casti *Connubii (Iglesia Católica)*.– Escrita por el Papa Pío XI sobre el matrimonio de 31 de diciembre de 1930, asegura: *"...la igualdad de derechos, que tanto se pregona y exagera, debe, sin duda alguna, admitirse en todo cuanto atañe a la persona y dignidad humanas y en las cosas que se derivan del pacto nupcial".*[43]

---

41 *Rerum Novarum*, párrafo 26, https://www.vatican.va/content/leo–xiii/es/encyclicals/documents/hf_l–xiii_enc_15051891_rerum–novarum.html.

42 Ob. cit. párrafo 40.

43 Encíclica *Casti Connubii*, párrafo 47, *"Porque si las familias, sobre todo las numerosas, carecen de domicilio conveniente; si el varón no puede procurarse trabajo y alimentos; si los artículos de primera necesidad no pueden comprarse sino a precios exagerados; si las madres, con gran detrimento de la vida doméstica, se ven obligadas a ganar el sustento con su propio trabajo; si a éstas les faltan, en los ordinarios y aun extraordinarios trabajos de la maternidad, los alimentos y medicinas convenientes, el médico experto, etc., todos entendemos cuánto se deprimen los ánimos de los cónyuges, cuán difícil se les hace la convivencia doméstica y el cumplimiento de los mandamientos de Dios, y también a qué grave riesgo se exponen la tranquilidad pública y la salud y la vida de la misma sociedad civil, si llegan estos hombres a tal grado de desesperación, que, no teniendo nada*

Igualmente, esta Epístola contempla la importancia del trabajo del varón para el sustento de la familia y de la mujer que se ve obligada a trabajar, la mayoría de veces para afrontar su maternidad. Afirma que la falta de sustento repercute en la convivencia doméstica, lo que a su vez influye en la tranquilidad pública y en la vida de la propia sociedad.[44]

La Encíclica *Quadragesimo Anno (Cuadragésimo año)*.- Dictada por el Papa Pío XI el 15 de mayo de 1931, recuerda el cuadragésimo aniversario de la expedición de la *Rerum Novarum* por parte del Papa León XIII (15 de mayo de 1891); aquella justamente empieza por hacer una apología de esta última, así se lee:

> *"...la encíclica Rerum novarum tiene de peculiar entre todas las demás el haber dado al género humano, en el momento de máxima oportunidad e incluso de necesidad, normas las más seguras para resolver adecuadamente ese difícil problema de humana convivencia que se conoce bajo el nombre de «cuestión social»".*[45]

Entonces, se vislumbra que la Encíclica *Quadragesimo Anno* destaca –en primer lugar– la trascendencia de la *Rerum Novarum* en cuanto a la cuestión social y económica de los obreros. Posteriormente recuerda puntos capitales de ella, principalmente el trato inhumano de los empresarios y la reivindicación de los derechos de los trabajadores.

Así, en general la *Quadragesimo Anno:*

> *"...insiste en la mutua interdependencia de capital y trabajo (...) En posición de condenar excesos de las opuestas tendencias, el pontífice rechaza en la encíclica tanto la ley de hierro del salario, por exceso capitalista, como la reivindicación del producto total del trabajo que propugnan los socialistas. [...] propone en la materia una ley de justicia social, expresión que se jerarquiza así con la inclusión en documento de tanto relieve en lo político laboral [...]. En definitiva, sin articular medidas concretas, la distribución del rendimiento laboral se entrega a un bienintencionado reparto que se conforme con las normas del bien común o de la justicia social".*[46]

---

que perder, creen que podrán recobrarlo todo con una violenta perturbación social.", http://www.vatican.va/content/pius–xi/es/encyclicals/documents/hf_p–xi_enc_19301231_casti–connubii.html.

44 Ob. cit. párrafo 47.

45 Encíclica *Quadragesimo Anno,* http://www.vatican.va/content/pius–xi/es/encyclicals/documents/hf_p–xi_enc_19310515_quadragesimo–anno.html.

46 Alcalá– Zamora y Castillo, Luis y Cabanellas de Torres, Guillermo, *Tratado de Política Laboral y Social,* Buenos Aires, Editorial Heliasta S.R.L., t. I, 1972, pp. 568–569.

Al igual que su antecesora proscribe los excesos del capitalismo, también la práctica estricta de la ideología socialista, advirtiendo la necesidad de la implementación de una verdadera justicia social dentro del ámbito laboral. Sobre este último punto hace énfasis en una equitativa distribución de la riqueza, siempre mirando hacia el bien común, tarea a la que también se deben comprometer las instituciones del Estado.[47]

Otro tema significativo es aclarar la defensa de la propiedad privada por parte de la Iglesia Católica, dado que permite el desarrollo de la familia en general.[48] A través de esta afirmación, marca una evidente posición contraria y de rechazo a lo que promulgaba el socialismo. En efecto, la Iglesia Católica: a) defiende la propiedad privada, que fue considerada como un derecho natural, fruto del trabajo y estímulo para la acción de trabajar;[49] b) se opone al concepto de

---

47 http://www.vatican.va/content/pius-xi/es/encyclicals/documents/hf_p-xi_enc_19310515_quadragesimo-anno.html, párrafos 58 – 110 *"A cada cual, por consiguiente, debe dársele lo suyo en la distribución de los bienes, siendo necesario que la partición de los bienes creados se revoque y se ajuste a las normas del bien común o de la justicia social, pues cualquier persona sensata ve cuán gravísimo trastorno acarrea consigo esta enorme diferencia actual entre unos pocos cargados de fabulosas riquezas y la incontable multitud de los necesitados. [...] Las instituciones públicas deben conformar toda la sociedad humana a las exigencias del bien común, o sea, a la norma de la justicia social, con lo cual ese importantísimo sector de la vida social que es la economía no podrá menos de encuadrarse dentro de un orden recto y sano".*

48 Ob. cit. párrafo 45. Ante todo, pues, debe tenerse por cierto y probado que ni León XIII ni los teólogos que han enseñado bajo la dirección y magisterio de la Iglesia han negado jamás ni puesto en duda ese doble carácter del derecho de propiedad llamado social e individual, según se refiera a los individuos ó mire al bien común, sino que siempre han afirmado unánimemente que por la naturaleza o por el Creador mismo se ha conferido al hombre el derecho de dominio privado, tanto para que los individuos puedan atender a sus necesidades propias y a las de su familia, cuanto para que, por medio de esta institución, los medios que el Creador destinó a toda la familia humana sirvan efectivamente para tal fin, todo lo cual no puede obtenerse, en modo alguno, a no ser observando un orden firme y determinado.

49 http://www.vatican.va/content/leo-xiii/es/encyclicals/documents/hf_l-xiii_enc_15051891_rerum-novarum.html, párrafo 23. Estima necesaria la protección de la propiedad privada, pues considera que su desconocimiento va en detrimento de la propia clase obrera y sus derechos. *"Los que gobiernan deber cooperar, primeramente y en términos generales, con toda la fuerza de las leyes e instituciones, esto es, haciendo que de la ordenación y administración misma del Estado brote espontáneamente la prosperidad tanto de la sociedad como de los individuos, ya que éste es el cometido de la política y el deber inexcusable de los gobernantes. Ahora bien: lo que más contribuye a la prosperidad de las naciones es la probidad de las costumbres, la recta y ordenada constitución de*

lucha de clases porque genera violencia; y c) decreta que la visión materialista del trabajo se aparta de la justicia social.

Sobre los sindicatos y asociaciones, los considera necesarios siempre que las circunstancias así lo ameriten, exigiendo que sus socios cumplan con los mandamientos de la religión, siempre velando por un interés común.[50] La Encíclica no niega ni mira con malos ojos la constitución de corporaciones, sino que las acepta, siempre que se instauren con un objetivo claro, dirigido a conseguir el bien general entre sus asociados, y respetando la doctrina y enseñanzas católicas.

De lo anterior, se verifica que la Encíclica *Quadragesimo Anno* consiste especialmente en la reivindicación de los derechos de los trabajadores –influyendo de esta manera en el ámbito jurídico–, y aclarando otros aspectos, como el rechazo frontal a las ideologías socialistas.

Cuestión de particular desarrollo, es la necesidad de una justicia social que debe influir en varios aspectos trascendentales para los obreros, como: el salario, la propiedad privada y distribución equitativa de la riqueza. Por ello, este documento insiste en la necesidad de reformas con el objeto de que los empleadores retribuyan a sus obreros con un salario justo, que les permita llevar una vida digna, cubriendo también las necesidades de sus familias.

> *"Hay que luchar denodadamente, por tanto, para que los padres de familia reciban un sueldo lo suficientemente amplio para atender convenientemente a las necesidades domésticas ordinarias. Y si en las actuales circunstancias esto no siempre fuera posible, la justicia social postula que se introduzcan lo más rápidamente posible las reformas necesarias para que se fije a todo ciudadano adulto un salario de este tipo (...) esa misma justicia pide que, en unión de mentes y*

---

las familias, la observancia de la religión y de la justicia, las moderadas cargas públicas y su equitativa distribución, los progresos de la industria y del comercio, la floreciente agricultura y otros factores de esta índole, si quedan, los cuales, cuanto con mayor afán son impulsados, tanto mejor y más felizmente permitirán vivir a los ciudadanos. A través de estas cosas queda al alcance de los gobernantes beneficiar a los demás órdenes sociales y aliviar grandemente la situación de los proletarios, y esto en virtud del mejor derecho y sin la más leve sospecha de injerencia, ya que el Estado debe velar por el bien común como propia misión suya. Y cuanto mayor fuere la abundancia de medios procedentes de esta general providencia, tanto menor será la necesidad de probar caminos nuevos para el bienestar de los obreros".

50 Ob. cit., párrafo 93, *"Los colegios o corporaciones están constituidos por delegados de ambos sindicatos (es decir, de obreros y patronos) de un mismo oficio o profesión y, como verdaderos y propios instrumentos e instituciones del Estado, dirigen esos mismos sindicatos y los coordinan en las cosas de interés común".*

voluntades y en la medida que fuere posible, los salarios se rijan de tal modo que haya trabajo para el mayor número y que puedan percibir una remuneración suficiente para el sostenimiento de su vida".[51]

Como se ha dicho, la *Quadragesimo Anno* complementa el contenido de la *Rerum Novarum*, destacando como una preocupación permanente de la Iglesia Católica, la situación de los obreros y el reconocimiento de sus derechos.

La Encíclica Divini Redemptoris Promissio *(La promesa del redentor)*.- Dirigida por el Sumo Pontífice Pío XII a los patriarcas, primados, arzobispos, obispos y otros ordinarios en paz y comunión con la Sede Apostólica, de 19 de marzo de 1937, asevera:

"En esta encíclica nuestra, prosiguiendo la trayectoria de la doctrina secular de la Iglesia sobre el carácter individual y social de la propiedad privada, nos hemos definido claramente el derecho y la dignidad del trabajo, las relaciones de apoyo mutuo y de mutua ayuda que deben existir entre el capital y el trabajo y el salario debido en estricta justicia al obrero para sí y para su familia".[52]

Constituye una posición radical en contra del *"Comunismo Ateo"* y sus consecuencias sociales y económicas de los pueblos.[53]

Posteriormente el Radiomensaje de Navidad de su Santidad Pío XII, de 24 de diciembre de 1942 expresa:

"Como medio indispensable para el dominio del mundo, querido por Dios para su gloria, todo trabajo posee una dignidad inalienable y, al

---

51 Ob. cit., párrafos 71 – 74.

52 *Encíclica Divini Redemptoris*, http://www.vatican.va/content/leo–xiii/es/encyclicals/documents/hf_l–xiii_enc_10021880_arcanum.html.

53 *"8. El comunismo de hoy, de un modo más acentuado que otros movimientos similares del pasado, encierra en sí mismo una idea de aparente redención. Un seudo ideal de justicia, de igualdad y de fraternidad en el trabajo satura toda su doctrina y toda su actividad con un cierto misticismo falso, que a las masas halagadas por falaces promesas comunica un ímpetu y tu entusiasmo contagiosos, especialmente en un tiempo como el nuestro, en el que por la defectuosa distribución de los bienes de este mundo se ha producido una miseria general hasta ahora desconocida. Más aún: se hace alarde de este seudo ideal, como si hubiera sido el iniciador de un progreso económico, progreso que, si en algunas regiones es real, se explica por otras causas muy distintas, como son la intensificación de la productividad industrial en países que hasta ahora carecían de ella; el cultivo de ingentes riquezas naturales, sin consideración alguna a los valores humanos, y el uso de métodos inhumanos para realizar grandes trabajos con un salario indigno del hombre".*

mismo tiempo, un íntimo lazo con el perfeccionamiento de la persona; noble dignidad y prerrogativa del trabajo, en ningún modo envilecidas por el peso y la fatiga, que se han de soportar, como efecto del pecado original, en obediencia y sumisión a la voluntad de Dios.[54]

Se ve entonces que la Iglesia Católica advierte sobre las falacias del comunismo que ofrece ideales de *"justicia, igualdad y fraternidad"*, aprovechándose de una sociedad vulnerable debido a la crisis económica social de aquella época, derivada de la inequitativa distribución de la riqueza. Insiste la Encíclica, también, en la realización de la justicia social que garantice una vida digna en favor del obrero,[55] sobre este punto se remite al contenido de la *Quadragesimo Anno.*

La Divini Redemptoris Promissio si bien tiene implicaciones en contra de un régimen en particular –comunismo–, observando sus negativas consecuencias para la sociedad en general, no olvida a los obreros, para quienes es necesario reivindicar sus derechos, evitando que de su precaria situación se aprovechen sistemas políticos que a la postre no sean convenientes para el bien común.

Y el radiomensaje *"Benignitas et Humanitas"* de 24 de diciembre de 1944.

"Y puesto que aquel orden absoluto, a la luz de la sana razón, y especialmente a la luz de la fe cristiana, no puede tener otro origen que un Dios personal, Creador nuestro, se sigue que la dignidad del hombre es la dignidad de la imagen de Dios, la dignidad del Estado es la dignidad de la comunidad moral que Dios ha querido, y que la dignidad de la autoridad política es la dignidad de su participación de la autoridad de Dios".[56]

---

54 Pío XII, Sumo Pontífice, Radiomensaje de Navidad, http://www.vatican.va/content/pius–xii/es/speeches/1942/documents/hf_p–xii_spe_19421224_radiomessage–christmas.html.

55 *Ob. cit.* párrafo 8 *"Pero no se cumplirán suficientemente las exigencias de la justicia social si los obreros no tienen asegurado su propio sustento y el de sus familias con un salario proporcionado a esta doble condición; si no se les facilita la ocasión el adquirir un modesto patrimonio que evite así la plaga del actual pauperismo universal; si no se toman, finalmente, precauciones acertadas en su favor, por medio de los seguros públicos o privados, para el tiempo de la vejez, de la enfermedad o del paro forzoso".*

56 *Benignitas et Humanitas,* http://www.vatican.va/content/pius–xii/es/speeches/1944/documents/hf_p–xii_spe_19441224_natale.html.

En este último se trata de manera más amplia que en las Cartas Encíclicas anteriores la dignidad humana, y en su acápite IV, "*La iglesia defensora de la verdadera dignidad y la libertad humana*", destaca que los pueblos están impacientes por tomar las riendas de su destino con mayor autonomía que el pasado y con la esperanza de que podrán defenderse de la permanente violencia.

De ahí que el período de guerra constituye un momento propicio para que la Iglesia predique del amor de Cristo con su misión de salvación. Mensaje ideal en época navideña, para consolidar la restauración de la dignidad humana para todos los hombres de buena voluntad.

> *"La Iglesia tiene la misión de proclamar al mundo, ansioso de mejores y más perfectas formas de democracia, el mensaje más alto y más necesario que pueda existir: la dignidad del hombre y la vocación a la filiación divina. Es el grito potente que desde la cuna de Belén resuena hasta los últimos confines de la tierra en los oídos de los hombres, en un tiempo, en que esta dignidad ha sufrido mayores humillaciones".*[57]

La Encíclica *Mater et Magistra (Madre y maestra)*.– Emitida el 15 de mayo de 1961 por el Papa Juan XXIII y constituyó un nuevo pronunciamiento de carácter social de la Iglesia Católica desde la *Divini Redemptoris Promissio*, hasta después de más de veinte años. En este documento el Sumo Pontífice:

> *"...reconocía la angustiosa realidad del incierto presente, sin esconder las llagas y errores de una sociedad que recuerda por demás sus derechos y olvida sus deberes. En un mundo beligerante de ideas y doctrinas, la Iglesia ocupa un lugar de vanguardia, pero no para conquistar territorios ni lograr adeptos, sino para mostrar su preocupación ante los problemas que afligen a los trabajadores, agobian a las multitudes y subyugan a pueblos y naciones...".*[58]

En efecto, luego de unos años de silencio, la Iglesia Católica retoma su preocupación y estima la pertinencia de un nuevo pronunciamiento respecto de asuntos sociales de trascendencia para la época, y considera los grandes cambios que se desarrollaron en materia

---

57 Pío XII, Sumo Pontífice, Radiomensaje *"Benignitas et Humanitas"* de 24 de diciembre de 1944 http://www.vatican.va/content/pius–xii/es/speeches/1944/documents/hf_p–xii_spe_19441224_natale.html.

58 Alcalá Luis– Zamora y Castillo y Guillermo Cabanellas de Torres, "Tratado de política Laboral y social", Tomo I, Editorial Heliasta, Buenos Aires – República de Argentina, p. 572.

económica, tecnológica y política que marcaron nuevas tendencias en el mundo.

Uno de los puntos neurálgicos tratados por este documento, es advertir la necesidad de un salario justo en favor de los obreros, porque para determinar la remuneración resulta necesario fijarse en varias directrices con el propósito de establecer una retribución acorde con su trabajo que les permita cubrir necesidades básicas de su familia.

> *"Esto exige que los trabajadores cobren un salario cuyo importe les permita mantener un nivel de vida verdaderamente humano y hacer frente con dignidad a sus obligaciones familiares. Pero es necesario, además, que al determinar la remuneración justa del trabajo se tengan en cuenta los siguientes puntos: primero, la efectiva aportación de cada trabajador a la producción económica; segundo, la situación financiera de la empresa en que se trabaja; tercero, las exigencias del bien común de la respectiva comunidad política, principalmente en orden a obtener el máximo empleo de la mano de obra en toda la nación; y, por último, las exigencias del bien común universal, o sea de las comunidades internacionales, diferentes entre sí en cuanto a su extensión y a los recursos naturales de que disponen".*[59]

La propiedad privada también es nuevamente ratificada como un elemento esencial de la comunidad, sobre todo en tiempos donde se empezaba a vivir avances tecnológicos trascendentales para la humanidad. Por eso la necesidad de propender a un fácil acceso a la propiedad por parte de pequeños productores y trabajadores en general, aprovechando los modernos recursos técnicos con los que se podía contar.[60]

Una preocupación de esta Encíclica fue el sector agrícola, históricamente degradado en importancia frente a la industria creciente en aquella época. El Sumo Pontífice observa la necesidad de reducir

---

59 Encíclica *Mater et Magistra*, párrafo 71, http://www.vatican.va/content/john–xxiii/es/encyclicals/documents/hf_j–xxiii_enc_15051961_mater.html.

60 *Ob. cit.* párrafo 115, http://www.vatican.va/content/john–xxiii/es/encyclicals/documents/hf_j–xxiii_enc_15051961_mater.html. *"Hoy, más que nunca, hay que defender la necesidad de difundir la propiedad privada, porque, en nuestros tiempos, como ya hemos recordado, los sistemas económicos de un creciente número de países están experimentando un rápido desarrollo. Por lo cual, con el uso prudente de los recursos técnicos, que la experiencia aconseje, no resultará difícil realizar una política económica y social, que facilite y amplíe lo más posible el acceso a la propiedad privada de los siguientes bienes: bienes de consumo duradero; vivienda; pequeña propiedad agraria; utillaje necesario para la empresa artesana y para la empresa agrícola familiar; acciones de empresas grandes o medianas; todo lo cual se está ya practicando con pleno éxito en algunas naciones, económicamente desarrolladas y socialmente avanzadas".*

diferencias entre ambos sectores, con énfasis en mejorar la calidad de vida de los agricultores, por cuanto estima que su trabajo es de suma relevancia en el mecanismo de producción de una sociedad.[61]

La Encíclica *Mater et Magistra* significa el recordatorio por parte de la Iglesia Católica de una permanente inquietud por la convivencia social en el mundo; en este documento se aborda la necesidad de asumir nuevos deberes, pues los grandes cambios ocurridos en todas las esferas de la sociedad, así lo exigen. Es por ello que se redefinen cuestiones como la remuneración, el acceso a la propiedad privada y la reivindicación del sector agrícola, precisamente ante los avances tecnológicos y otros cambios políticos económicos trascendentales, se propone no perder de vista los derechos de sectores históricamente vulnerables de la sociedad, como son los obreros.

La Iglesia hace un recordatorio para que la dignidad humana sea parte de las reflexiones cristianas en la inclusión de los derechos de los seres humanos, como así lo había sostenido desde la mitad del siglo XX.

La Encíclica *Pacem in Terris (Paz en la Tierra)*.– Escrita por Juan XXIII, publicada después de su muerte, el 11 de abril de 1963,[62] observa que la Iglesia deja clara su posición de amparo de

---

61 *Ob. cit.* párrafo 125, http://www.vatican.va/content/john–xxiii/es/encyclicals/documents/hf_j–xxiii_enc_15051961_mater.html. *"Por ello, ante un problema de tanta importancia que afecta a casi todos los países, es necesario investigar, primeramente, los procedimientos más idóneos para reducir las enormes diferencias que en materia de productividad se registran entre el sector agrícola y los sectores de la industria y de los servicios; hay que buscar, en segundo término, los medios más adecuados para que el nivel de vida de la población agrícola se distancie lo menos posible del nivel de vida de los ciudadanos que obtienen sus ingresos trabajando en los otros sectores aludidos; hay que realizar, por último, los esfuerzos indispensables para que los agricultores no padezcan un complejo de inferioridad frente a los demás grupos sociales, antes, por el contrario, vivan persuadidos de que también dentro del ambiente rural pueden no solamente consolidar y perfeccionar su propia personalidad mediante el trabajo del campo, sino además mirar tranquilamente el porvenir"*.

62 Encíclica *Pacem in Terris, "9. En toda convivencia humana bien ordenada y provechosa hay que establecer como fundamento el principio de que todo hombre es persona, esto es, naturaleza dotada de inteligencia y de libre albedrío, y que, por tanto, el hombre tiene por sí mismo derechos y deberes, que dimanan inmediatamente y al mismo tiempo de su propia naturaleza. Estos derechos y deberes son, por ello, universales e inviolables y no pueden renunciarse por ningún concepto. 10. Si, por otra parte, consideramos la dignidad de la persona humana a la luz de las verdades reveladas por Dios, hemos de valorar necesariamente en mayor grado aún esta dignidad, ya que los hombres han sido redimidos con la sangre de Jesucristo, hechos hijos y amigos de Dios por la gracia sobrenatural y herederos*

los derechos humanos, el reconocimiento de la dignidad humana en todas las personas, y la necesidad de un salario justo.

> *"De la dignidad de la persona humana nace también el derecho a ejercer las actividades económicas, salvando el sentido de la responsabilidad. Por tanto, no debe silenciarse que ha de retribuirse al trabajador con un salario establecido conforme a las normas de la justicia, y que, por lo mismo, según las posibilidades de la empresa, le permita, tanto a él como a su familia, mantener un género de vida adecuado a la dignidad del hombre. Sobre este punto, nuestro predecesor, de feliz memoria, Pío XII afirma: Al deber de trabajar, impuesto al hombre por la naturaleza, corresponde asimismo un derecho natural en virtud del cual puede pedir, a cambio de su trabajo, lo necesario para la vida propia y de sus hijos. Tan profundamente está mandada por la naturaleza la conservación del hombre".*[63]

La *Gaudium et spes (La alegría y la esperanza)*.- Única constitución pastoral del Concilio Vaticano II, aprobada el 7 de diciembre de 1965 por los padres conciliares y promulgada por el Papa Pablo VI, refiere que la dignidad se basa en la conciencia,[64] así como en la libertad, factor determinante para su consolidación.

> *"La verdadera libertad es signo eminente de la imagen divina en el hombre. Dios ha querido dejar al hombre en manos de su propia decisión para que así busque espontáneamente a su Creador y, adhiriéndose libremente a éste, alcance la plena y bienaventurada perfección".*[65]

---

de la gloria eterna.". https://www.vatican.va/content/john–xxiii/es/encyclicals/documents/hf_j–xxiii_enc_11041963_pacem.html.

63 *Ob. cit.* párrafo 20.

64 *Gaudium et spes* https://www.vatican.va/archive/hist_councils/ii_vatican_council/documents/vat–ii_const_19651207_gaudium–et–spes_sp.html, párrafo 16, *"En lo más profundo de su conciencia descubre el hombre la existencia de una ley que él no se dicta a sí mismo, pero a la cual debe obedecer, y cuya voz resuena, cuando es necesario, en los oídos de su corazón, advirtiéndole que debe amar y practicar el bien y que debe evitar el mal: haz esto, evita aquello. Porque el hombre tiene una ley escrita por Dios en su corazón, en cuya obediencia consiste la dignidad humana y por la cual será juzgado personalmente. La conciencia es el núcleo más secreto y el sagrario del hombre, en el que éste se siente a solas con Dios, cuya voz resuena en el recinto más íntimo de aquélla. Es la conciencia la que de modo admirable da a conocer esa ley cuyo cumplimiento consiste en el amor de Dios y del prójimo".*

65 *Ob. cit.* párrafo 17.

Por tanto, la sociedad para que sea justa debe sustentarse en la dignidad humana y en reconocer esa dignidad en uno mismo y en el otro. Lo cual recogería años después el Papa Francisco: *"Por eso, quien quiera vivir con dignidad y plenitud no tiene otro camino más que reconocer al otro y buscar su bien".*[66] Para los hombres y mujeres que procuran el sustento para sí y para sus familias, el trabajo debe ir en provecho y servicio de la sociedad y de este modo cumplir con la obra de Dios, esto es, con su trabajo personal de servir a los demás.

En el párrafo 63 analiza la vida económico–social que promueve la dignidad y procura el bien para la sociedad, siendo partícipe principal el hombre, quien domina la naturaleza y para alcanzar mayor progreso utiliza técnicas de producción para satisfacer las mayores necesidades que aparecen en la sociedad. El desarrollo económico, además, debe ayudar a disminuir las desigualdades sociales; sin embargo, es muy frecuente observar que la economía dispar produce el retroceso de las condiciones de vida de los pobres, quienes se desarrollan en situaciones de trabajo indignas.

Entonces debe surgir la sensibilidad humana para corregir este tipo de diferencias, propiciar reformas, cambiar la mentalidad y costumbres para conseguir la justicia y la equidad, tal como lo concibe el Evangelio.

La Encíclica *Populoum Progressio (Desarrollo de los pueblos)*.– Escrita en el año 1967 por el Papa Pablo VI, que en el párrafo 27 se refiere al trabajo, querido y bendecido por Dios. Ratifica que el hombre fue creado a su imagen y semejanza para cooperar con *Él* en la perfección de la creación y que además fue dotado de inteligencia, para que trabaje, porque todo trabajador es –a su vez– creador.[67]

La Carta Encíclica *Laborem Excercens (Trabajando duro)*.– *Para ir cerrando el tema, aparece uno de los principales documentos,* escrita el 14 septiembre 1981 por el Papa Juan Pablo II al 90º aniversario de la Encíclica *Rerum Novarum*. Como se conoce, la *Laborem Exercens* consta de una introducción y cuatro partes: la primera, el hombre y el trabajo a la luz del libro de Génesis; la segunda, el

---

66 *Evangelii gadium* https://www.vatican.va/content/francesco/es/apost exhortations/documents/papa–francesco esortazione–ap 20131124 evangelii–gaudium.html.

67 Encíclica *Populorum Progressio*, https://www.vatican.va/content/paul–vi/es/encyclicals/documents/hf p–vi enc 26031967 populorum.html.

conflicto entre el hombre y el capital; la tercera, los derechos de los trabajadores y la cuarta, la espiritualidad del trabajo.

> *"El trabajo es uno de estos aspectos, perenne y fundamental, siempre actual y que exige constantemente una renovada atención y un decidido testimonio. Porque surgen siempre nuevos interrogantes y problemas, nacen siempre nuevas esperanzas, pero nacen también temores y amenazas relacionadas con esta dimensión fundamental de la existencia humana, de la que la vida del hombre está hecha cada día, de la que deriva la propia dignidad específica y en la que a la vez está contenida la medida incesante de la fatiga humana, del sufrimiento y también del daño y de la injusticia que invaden profundamente la vida social dentro de cada Nación y a escala internacional".*[68]

La cuestión social está dada por el hombre y el trabajo. Destaca la importancia de la educación de los hijos, por lo que ve como bueno el trabajo de la mujer, así como las prestaciones sociales del empresario o del Estado. Indica que como el trabajo es un bien escaso y hay personas que nunca conseguirán empleo, es un deber moral el reparto del trabajo existente, así como la creación de nuevos puestos.

Establece que los desempleados necesitan una atención prioritaria, por lo que, hay que asegurarles un subsidio básico para que puedan vivir ellos y su familia. Por su parte, los desempleados no deben practicar la economía sumergida y, psicológicamente, es recomendable que estén ocupados, aunque las actividades no siempre produzcan bienes económicos.

El libro del Génesis muestra que el hombre trabajó desde sus inicios y, domina la Tierra, por lo que, el trabajo de todos mún. No es lícito quitar el trabajo por reemplazo de la máquina que pone al hombre como esclavo de ella.

Se identifica el conflicto clasista entre los obreros y los dueños de los medios de producción y su conflicto con el naciente liberalismo. No obstante, el Pontífice determina la prioridad del trabajo sobre el capital, recalcando el dominio del hombre sobre el mundo. En este contexto, la Encíclica se refiere al derecho a una justa remuneración y al trabajo como un deber. El desempleo, señala es un mal social y

---

[68] Carta Encíclica *Laborem Exercens* del Sumo Pontífice Juan Pablo II a los venerables hermanos en el episcopado, a los sacerdotes, a las familias religiosas, a los hijos e hijas de la Iglesia y a todos los hombres de buena voluntad sobre el trabajo humano en el 90 aniversario de la *Rerum Novarum*, El Vaticano, Librería Editrice Vaticana, 1981, http://w2.vatican.va/content/john-paul-ii/es/encyclicals/documents/hf_jp-ii_enc_14091981_laborem-exercens.html.

doloroso que afecta a los jóvenes y espiritualmente, se refiere a que el obrero participa con su actividad en la obra de Dios y por lo tanto el trabajo santifica.

"El trabajo está en función del hombre y no el hombre en función del trabajo".[69] Esta afirmación determina el carácter antrópico del contrato de trabajo, en el sentido de que la esencia es la persona, quien no puede ser estimada como una mercancía. Contrario a la moral sería el pago de un salario injusto y, con su desmedro, buscar mayores beneficios para el empleador.

En conclusión, las principales aportaciones de la Encíclica *Laborem Exercens* reflexionan sobre el trabajo desde el punto de vista de las ventajas y desventajas de su concepción desde los sistemas socialista y capitalista. Pondera, además, la importancia de la doctrina de la Iglesia al abordar las cuestiones sociales.

En este documento se perfilan los rasgos básicos de una espiritualidad del trabajo desde la teología de la creación y de la redención. La antropología cristiana, al ver en cada ser humano la *"imagen de Dios"*, enriquece grandemente la consideración de todo el quehacer humano y, especialmente, el sentido y condiciones del trabajo, que deben ser consideradas para la legislación laboral.

No cabe duda que el trabajo engrandece al hombre y lo transforma para hacerlo mejor. Los hombres comparten sus actividades con la acción de Dios porque el trabajo dignifica. Jesús es un ejemplo al haber sido un hombre de trabajo, y la violación de los derechos de los trabajadores debía ser denunciada para que se hagan correctivos y se consiga el progreso social.

La Carta Encíclica *Caritas in Veritate (Caridad en la verdad)*.- Escrita por el Papa Benedicto XVI, de 29 de junio de 2009, sus principales fundamentos son la justicia y el bien común. Se sustenta en las enseñanzas de Pablo VI, quien decía que *"todo trabajador es un creador"*, y responde a las exigencias y a la dignidad del obrero, señalando que existen varias clases de empresas, más allá de lo público y privado y que es necesario buscar el bien común nacional y mundial.[70]

Esta Carta convoca a los cristianos a exigir medios de subsistencia elementales, educación y trabajo digno para sostenerse a sí mismos, y

---

69 *Ob. cit.* párrafo 6.

70 Encíclica *Caritas in Veritate,* https://www.vatican.va/content/benedict–xvi/es/encyclicals/documents/hf_ben–xvi_enc_20090629_caritas–in–veritate.html.

a quienes dependen de ellos. Estos reclamos morales se originan en la dignidad de los hombres. La Iglesia recuerda la obligación de todos los partícipes de la vida política, económica y social de las naciones.

El *Evangel ligaudium (Evangelio de la Alegría)*.– *El Papa Francisco, el 24 de noviembre de 2013, en esta exhortación apostólica* fomenta la cultura del descarte de los marginados y los ancianos. En el Capítulo IV, se encuentra la misión que se encarna en los límites humanos y el 24 de mayo de 2015, en la Encíclica *Laudato Si (Alabado seas)*, hace una aproximación a la noción de dignidad con la creación y la sociedad.

Sin vacilación para el mundo entero, y especialmente para Latinoamérica, la comprensión que el Sumo Pontífice tiene sobre la dignidad humana, es de gran influencia por su población mayoritariamente católica. Entendiendo que el catolicismo no es una religión más que busca responder a las necesidades religiosas del hombre, sino que está cimentada en las enseñanzas de Jesús y, por lo tanto, pretende construir un mundo más justo. La dignidad para los latinoamericanos es reivindicar su historia, recordar sus luchas sociales, sobre la base de principios que permiten la liberación de instituciones injustas, y para lo cual el Papa hace un llamado de compromiso social.

La Encíclica *Laudato Si (Alabado Seas)*.– *Escrita* por el papa Francisco y publicada el 24 de mayo de 2015, el Sumo Pontífice nos habla del cuidado de la casa común, y exhorta a proteger el medio ambiente, el mundo, y aun cuando no se refiere a las relaciones laborales, tiene implicancias a la dignidad:

> *"Luego de la creación del ser humano, se dice que «Dios vio todo lo que había hecho y era muy bueno» (Gn 1,31). La Biblia enseña que cada ser humano es creado por amor, hecho a imagen y semejanza de Dios (cf. Gn 1,26). Esta afirmación nos muestra la inmensa dignidad de cada persona humana, que «no es solamente algo, sino alguien. Es capaz de conocerse, de poseerse y de darse libremente y entrar en comunión con otras personas». San Juan Pablo II recordó que el amor especialísimo que el Creador tiene por cada ser humano le confiere una dignidad infinita. Quienes se empeñan en la defensa de la dignidad de las personas pueden encontrar en la fe cristiana los argumentos más profundos para ese compromiso. ¡Qué maravillosa certeza es que la vida de cada persona no se pierde en un desesperante caos, en un mundo regido por la pura casualidad o por ciclos que se repiten sin sentido! El Creador puede decir a cada uno de nosotros: «Antes que*

te formaras en el seno de tu madre, yo te conocía» (Jr. 1,5). Fuimos concebidos en el corazón de Dios, y por eso «cada uno de nosotros es el fruto de un pensamiento de Dios. Cada uno de nosotros es querido, cada uno es amado, cada uno es necesario»".[71]

Por ello, el Papa Francisco, desde el punto de vista teológico, ratifica que el fundamento de la dignidad humana está en que el hombre ha sido creado a la imagen y semejanza de Dios, y que en esa condición fue llamado a dominar a los demás seres que habitan la Tierra. Aproxima la dignidad del hombre desde la antropología para relacionarla con el cuidado de la creación de Dios –naturaleza–.

En efecto, alcanzar la dignidad en este contexto está dado no solo en virtud de los seres humanos, sino en su relación con los demás y con la creación de Dios para contribuir al bien común. Así, el Sumo Pontífice no solo habla de asegurar a toda la población la comida y un *"decoroso sustento"*, sino que se tenga *"prosperidad sin exceptuar bien alguno"*. Es digno tener acceso a la educación, a la salud y al trabajo *"libre, creativo, participativo y solidario"*, con lo cual el hombre acrecienta la dignidad de su vida. Tanto más que el salario justo permite el acceso a los demás bienes de uso común.[72]

La Carta Encíclica *Fratelli Tutti (Todos los hermanos)*.– Escrita por el Papa Francisco el 3 de octubre de 2020, busca la acción solidaria de los cristianos bajo los ideales de unidad, *"fraternidad y amistad social"*. Sobre la dignidad humana se enfoca en las fronteras, y con energía plantea que algunos regímenes políticos populistas y otros neoliberales, no permiten la llegada de migrantes a sus territorios ahondando la condición de miseria de estos seres humanos,[73] y enfatiza que los derechos brotan solo por el hecho de poseer dignidad humana. Empezó a ser escrita antes de la pandemia por el COVID

---

71 Encíclica *Laudato Si*, párrafo 65, https://www.vatican.va/content/francesco/es/encyclicals/documents/papa–francesco_20150524_enciclica–laudato–si.html.

72 *Evangelli gaudium*, párrafo 192.

73 Encíclica *Fratelli Tutti*, párrafo 37, *"Tanto desde algunos regímenes políticos populistas como desde planteamientos económicos liberales, se sostiene que hay que evitar a toda costa la llegada de personas migrantes. Al mismo tiempo se argumenta que conviene limitar la ayuda a los países pobres, de modo que toquen fondo y decidan tomar medidas de austeridad. No se advierte que, detrás de estas afirmaciones abstractas difíciles de sostener, hay muchas vidas que se desgarran. Muchos escapan de la guerra, de persecuciones, de catástrofes naturales. Otros, con todo derecho,* «buscan *oportunidades para ellos y para sus familias. Sueñan con un futuro mejor y desean crear las condiciones para que se haga realidad»".*

19 y fue concluida durante el desarrollo de la misma, de ahí su fundamento en la fraternidad.

Hace un llamado a la solidaridad con los pobres, evitar la desigualdad, la falta de trabajo, de vivienda y negación de derechos sociales y laborales. Entender el término solidaridad como pensamientos y acciones en términos de comunidad.[74] Igualmente, pide a los empresarios reflexionar sobre producir riqueza y mejorar el mundo, desde el enfoque de Dios desarrollando las capacidades tanto económicas como tecnológicas, para el progreso de los seres humanos y la superación de la miseria mediante fuentes de trabajo diversificado,[75] y así asegurar una vida digna por medio del trabajo. *"Porque «no existe peor pobreza que aquella que priva del trabajo y de la dignidad del trabajo»"*.[76] El propósito de progresar no solo para ganarse el sustento sino para el crecimiento personal y establecer sanas relaciones en la sociedad.

En esta Carta Encíclica el Santo Padre ennoblece el trabajo de cada persona para *"hacer brotar las semillas que Dios ha puesto en cada uno"*, e insiste en que es importante descubrir las necesidades de los hermanos alrededor nuestro. Confirma lo que se ha venido afirmando, que la justicia tiene lugar cuando se mira a través del otro. Busca que esta tarea de reconducir la economía y dignificar el trabajo en un mundo fraterno con cultura solidaria, prefiera el bien común al provecho individual, y mire las necesidades de los trabajadores y no de quienes manejan el poder económico. Promover la paz para lograr un mundo más justo y verdadero para todos, es el

---

74 *Ob. cit.* párrafos 116 y 127, *"Los últimos en general «practican esa solidaridad tan especial que existe entre los que sufren, entre los pobres, y que nuestra civilización parece haber olvidado, o al menos tiene muchas ganas de olvidar. Solidaridad es una palabra que no cae bien siempre, yo diría que algunas veces la hemos transformado en una mala palabra, no se puede decir; pero es una palabra que expresa mucho más que algunos actos de generosidad esporádicos. Es pensar y actuar en términos de comunidad, de prioridad de la vida de todos sobre la apropiación de los bienes por parte de algunos. También es luchar contra las causas estructurales de la pobreza, la desigualdad, la falta de trabajo, de tierra y de vivienda, la negación de los derechos sociales y laborales (…) Pero si se acepta el gran principio de los derechos que brotan del solo hecho de poseer la inalienable dignidad humana, es posible aceptar el desafío de soñar y pensar en otra humanidad. "https://www.vatican.va/content/francesco/es/encyclicals/documents/papa-francesco_20201003_enciclica-fratelli-tutti.html.*

75 *Ob. cit.* párrafo 123.

76 *Ob. cit.* párrafo 162.

derrotero que se debe recorrer para lograr un mundo fraterno según los designios de Dios.

Conclusión.– A manera de cierre, se destaca que las Encíclicas tuvieron influjo en la legislación internacional, antes de que la Organización Internacional del Trabajo refiera la dignidad del trabajador, el salario justo, y la protección de la maternidad. El derecho del trabajo a través de la *Rerum Novarum*, ha sido fuente de inspiración de la doctrina social de la Iglesia. Dicho documento tuvo transcendencia jurídica en relación con los temas del derecho laboral, y a partir de aquel, se han publicado escritos conmemorativos del Magisterio de la Iglesia, que a su vez han actualizado sus conceptos para tornarla eficaz para los tiempos modernos.

La concepción moral y la doctrina social de la Iglesia, ha pregonado el reconocimiento de la dignidad de los seres humanos, como hijos de Dios con deberes y derechos. La persona, en este sentido, viene a ser el principal núcleo de las relaciones contractuales. El contrato de trabajo, en específico, además de la prestación de servicios por parte del trabajador, tiene como contraprestación la remuneración, que también es un elemento del cual se deriva la dignidad humana. La tradición católica ha estimado la suficiencia del salario en las Sagradas Escrituras.

En el Antiguo Testamento encontramos manifestaciones del deber de pagar un salario justo:

> *"No oprimirás al jornalero pobre y necesitado, ya sea uno de tus conciudadanos o uno de los extranjeros que habita en tu tierra y en tus ciudades. En su día le darás su jornal antes de la puesta del sol, porque es pobre y ha puesto su corazón en él; para que él no clame contra ti al Señor, y llegue a ser pecado en ti".*
>
> *Deuteronomio 24:14–15*

En el Nuevo Testamento se lee:

> *"Y habiendo convenido con los obreros en un denario al día, los envió a su viña. Y salió como a la hora tercera, y vio parados en la plaza a otros, que estaban sin trabajo; y a éstos les dijo: 'Id también vosotros a la viña, y os daré lo que sea justo.' Y ellos fueron".*
>
> *Mateo 20:2–4*

Como se ha visto, en la Biblia, y en la doctrina social de la Iglesia (Encíclicas) se ha abarcado el principio de suficiencia del salario, esto es, que la contraprestación que recibe el trabajador por su labor le proporcione una existencia digna a él y su familia. Este principio va más allá de satisfacer las necesidades vitales, busca que las necesidades que cubra el trabajador no solo sean materiales, sino sociales e intelectuales.

1.4. El concepto moderno de dignidad

"Protección de la Honra y de la Dignidad.– 1. Toda persona tiene derecho al respeto de su honra y al reconocimiento de su dignidad. 2. Nadie puede ser objeto de injerencias arbitrarias o abusivas en su vida privada, en la de su familia, en su domicilio o en su correspondencia, ni de ataques ilegales a su honra o reputación. 3. Toda persona tiene derecho a la protección de la ley contra esas injerencias o esos ataques".

Convención Americana de Derechos Humanos[77]

Pensaba Kant que la dignidad necesitaba de un perfeccionamiento moral, mientras que la Iglesia encontró el fundamento de la dignidad en que el hombre ha sido creado a la imagen y semejanza de Dios. No obstante, en el siglo XX se produce una transformación a partir de la culminación de la Segunda Guerra Mundial, con un concepto de dignidad universal e igualitario, y ya no solo se sustenta en los argumentos de los filósofos ni en los de la Iglesia, sino que nace de una aceptación general. Luego, la dignidad no precisa perfeccionarse con una acción posterior. La dignidad sobrevive solo por la humanidad misma.

La dignidad en la interpretación constitucional, legislativa y jurisprudencial, ha sido analizada desde el honor, como sustento de otro derecho, principio inherente a la naturaleza del hombre o fundamento de los derechos humanos, por lo que, exige un concepto sólido. Tanto más que se constituye en uno de los elementos obligatorios para la creación, aplicación e interpretación del Derecho, si lo que se pretende es que el mismo cumpla su fin de construir un orden social justo.

Hoy en día la dignidad si bien tiene la misma significación, posee un alcance más amplio. En efecto, desde el punto de vista jurídico, al término dignidad no solo se lo estimará como sinónimo de honor, aunque hay que reconocer que tiene rasgos que la vinculan, sino como fundamento de los derechos humanos.

Carlos Nino en su obra *"Introducción al análisis del derecho"*, sobre la dignidad ética, afirma:

---

77 Convención Americana de Derechos Humanos. Art, 11.

"Este principio puede recibir distintas formulaciones; de acuerdo con una de ellas el principio expresa que las personas deben ser juzgadas y ser tratadas, para ciertos fines sobre la base exclusiva de sus acciones voluntarias y no según otras propiedades y circunstancias como su raza, su sexo, sus particularidades físicas y procesos fisiológicos, su pertenencia a cierta clase social, la profesión, ciertas creencias (considerando que éstas no se adquieren y se abandonan voluntariamente), etcétera".[78]

En consecuencia, de acuerdo con la dignidad ética, que es predominantemente voluntaria y tiene resultados jurídicos, el ser humano es diferente por la moral con la que ha actuado durante su vida, y sus acciones u omisiones pueden acarrearle resultados de carácter legal. Por ello, existen seres humanos más dignos que sus semejantes, en razón de sus decisiones voluntarias.

"En un pueblo digno de tal nombre, el ciudadano siente en sí mismo la conciencia de su personalidad, de sus deberes y de sus derechos, de su libertad unida al respeto de la libertad y de la dignidad de los demás".[79]

De esta manera, el hombre igualmente tiene deberes consigo mismo.

"La dignidad del ser humano le obliga a exigir de los demás un trato acorde a su naturaleza. Pero también se lo debe a sí mismo. La dignidad iguala en cuanto a la naturaleza humana, pero distingue en relación con el uso que cada uno libremente hace de la misma".[80]

La dignidad, insistimos, no solo comporta el hecho de que los seres humanos tienen derechos, también implica la obligación de cumplir los deberes. Derechos y deberes tienen una correspondencia innegable. Si el hombre tiene un derecho, consecuentemente tiene un deber, porque las obligaciones se armonizan con el respeto de los derechos de los demás y con los propios, especialmente de conservar

---

78 Nino, Carlos, *Introducción al análisis del derecho*, Segunda Edición, Buenos Aires, Editorial Astrea, 2007, pp. 421– 422.

79 Pío XII, Sumo Pontífice, Radiomensaje *"Benignitas et Humanitas"* de 24 de diciembre de 1944. *"En un pueblo digno de tal nombre, el ciudadano siente en sí mismo la conciencia de su personalidad, de sus deberes y de sus derechos, de su libertad unida al respeto de la libertad y de la dignidad de los demás"* http://www.vatican.va/content/pius–xii/es/speeches/1944/documents/hf_p–xii_spe_19441224_natale.html.

80 Otero, Milagros, *Dignidad y solidaridad: dos derechos fundamentales*, México, Editorial Porrúa, 2006, p. 55.

su dignidad. Indiscutible es que los seres humanos no están en posición personal o jurídica exclusiva de exigir al Estado y a la sociedad en general, solo derechos.

Así, recordamos a San Agustín de Hipona, quien señala:

> *"Como resultado de la entrada del pecado en el mundo, el hombre nunca más puede desear el verdadero bien, el cual está arraigado en el amor de Dios, ni tampoco realizar su verdadero destino, más bien se hunde más y más en la esclavitud".*[81]

En el pensamiento de San Agustín, el hombre posee dignidad por haber sido creado a imagen y semejanza de Dios, pero se separó de su Creador en el momento que desobedeció. Entonces, el hombre siempre arrastrará la marca del pecado. En efecto, no hay forma alguna de sacar al hombre de esta situación, a su entender, ha perdido su inocencia.

También repasamos que Milagros Otero afirma que, a criterio de Santo Tomás, existen cuatro niveles de dignidad. En el primero, el ser humano se dirige hacia el bien por sí mismo y no es impulsado por otros. En el segundo, los hombres son conducidos por otros, pero sin utilizar la violencia. En el tercero, están quienes necesitan coacción para hacer el bien. Y el cuarto, aquellos que no son dirigidos por otros y a quienes tampoco les persuade la coacción para hacer el bien.[82]

Consecuentemente, tenemos que al primer nivel pertenecen quienes se hallan más cerca de la divinidad del Señor y practican el bien, y en el último se encuentran aquellos que están más alejados de Dios. Sin embargo, a pesar del nivel en que las personas se descubran, siempre tendrán dignidad en mayor o menor grado. Todas las personas poseen dignidad ontológica, pero algunas de ellas pueden incurrir en una máxima indignidad moral, que no puede ser ignorada en virtud de la primera.

> *"Aun cuando el sentido original del nombre persona no le corresponde a Dios, sin embargo, su significado si le corresponde a Dios en grado sumo. Pues, porque en las comedias y tragedias se representaba a personajes famosos, se impuso el nombre de persona para indicar a alguien con dignidad. Por eso en las iglesias empezó la costumbre de llamar personas a los que tienen alguna dignidad. Por lo cual*

81 Michelén, Sugel. "El pecado original y el libre albedrío" https://www.coalicionporelevangelio.org/entradas/sugel–michelen/el–pecado–original–y–el–libre–albedrio–en–la–teologia–de–agustin–de–hipona/.

82 Otero, Milagros, *Dignidad y solidaridad: dos derechos fundamentales*, p. 43.

algunos definen la persona diciendo que es la hipóstasis distinguida por la propiedad relativa a la dignidad. Como quiera que subsistir en la naturaleza racional es de la máxima dignidad como individuo de naturaleza racional es llamado persona (...). Pero la dignidad de la naturaleza divina supera toda dignidad. Por eso en grado sumo a Dios le corresponde el nombre de persona".[83]

Análogamente, la dignidad corresponde a la persona porque tiene perfección, no es perfecto como Dios, tampoco como los ángeles, pero al tener el hombre un grado de divinidad, que le provee de inteligencia y voluntad, tiene mayor jerarquía en el mundo terrenal.

El profesor Félix Adolfo Lamas, en su artículo *Gnosticismo, Derecho y Ley Natural*, alude que:

"La dignidad ontológica de un santo y la de un rufián es la misma; y la de un demonio es superior a la de todo hombre. Y merece un respeto especial pese a la indignidad moral en la que haya incurrido. Tómese por ejemplo el siguiente pasaje de la Epístola de San Judas, versículo 9: 'El Arcángel Miguel, cuando altercaba con el Diablo contendiendo sobre el cuerpo de Moisés, no se atrevió a proferir un juicio injurioso, sino que dijo: 'que el Señor te reprenda". Es de notar que, por una parte, le reconocía la dignidad ontológica, en razón del grado de perfección que tenía por su naturaleza. Pero por otro lado, prevaleció sobre él para que no se hiciera su voluntad emponzoñada. En el ejemplo, como parece claro, el respeto a la dignidad ontológica que conserva el Demonio no impide a Dios encerrarlo en el Infierno".[84]

De ahí el demonio desde el punto de vista ontológico tiene un perfeccionamiento mayor que el ser humano, pero es moralmente indigno porque renegó de Dios y se fue contra su propio fin y naturaleza. Por esta razón, la dignidad va de la mano con la naturaleza del hombre. Es característica de la dignidad, su conservación, no se la pierde por el pasar de la vida. No depende de circunstancias personales, tampoco del lugar en el que la persona ocupa en la sociedad o del aprecio de otros seres humanos. La dignidad está basada en la filiación divina y en la razón que posee el hombre.

---

83 Tomas de Aquino, Santo, *Suma Teológica,* Parte I, Madrid, Biblioteca de Autores Cristianos, 2001, q.29 a. 4.

84 Lamas, Félix Adolfo, "Gnosticismo, Derecho y Ley Natural", en *Prudentia Iuris*, N. Aniversario, pp. 31–46. https://erevistas.uca.edu.ar/index.php/PRUDENTIA/article/view/3182. DOI: https://doi.org/10.46553/prudentia.aniversario.2020, pp. 31– 46.

Hasta este momento, analizadas las posturas de los citados filósofos, se observa que la dignidad se relaciona con la divinidad que tiene el alma del hombre para con su Creador. La dignidad además es propia de cada persona y no depende de sus *"acciones humanas contrarias a la moral"*. La dignidad permanece porque la persona existe, es inherente al ser humano por el solo hecho de existir. Su pertenencia no tiene que ver con la voluntad humana, porque es *"natural"* al hombre. La dignidad no se pierde ni siquiera con la muerte, pues es digno el recuerdo del ser humano.

Por tanto, en la era moderna, se entiende que la dignidad se deriva de la naturaleza humana. Es inseparable al ser humano, –dignidad ontológica– positivada en constituciones e instrumentos internacionales, protegida por el Estado y por el hombre mismo y en caso de transgresión al ordenamiento jurídico, con observancia al debido proceso, merece la sanción tipificada, –dignidad ética–, sin olvidar su consideración de dignidad por su naturaleza misma.

En efecto, el hombre es la única criatura digna. El fundamento de su dignidad radica en su estructura o estatuto ontológico, y en su superioridad sobre todo lo creado, fundada en el fin para el cual ha sido hecho. La realización del fin del hombre –en lo cual radica su felicidad– consiste en alcanzar la máxima plenitud posible para sí mismo, el objeto al cual tienden las potencias superiores de su alma racional (inteligencia y voluntad), que le son propias y lo distinguen de los animales.

El objeto del acto de la inteligencia –conocer– es la verdad. El objeto del acto de la voluntad –amar– es el bien. Por tanto, la felicidad del hombre consiste en conocer la verdad y amar el bien. El hombre supera a todas las demás criaturas por la perfección de su naturaleza racional y su fin específico, en ello radica su dignidad intrínseca.

CAPÍTULO II

2. *La visión histórica del concepto de igualdad*

2.1. La igualdad en Montesquieu

"En la democracia, donde todos son iguales, y en la aristocracia, donde las leyes deben esforzarse para que todos puedan ser iguales en la medida en que lo permita la naturaleza del Gobierno, la esclavitud va contra el espíritu de la constitución, pues no sirve más que para dar a los ciudadanos un poder y un lujo que no deben tener".

Montesquieu[85]

El concepto de igualdad es producto de un proceso histórico que se ha ido consolidando a través del tiempo. La igualdad se origina en el principio religioso de que los hombres son iguales ante los ojos de Dios, y se ha ido generalizando en todos los ámbitos por las revoluciones sociales. La Declaración Universal de los Derechos Humanos ha sido el documento que ha servido de portaestandarte de las luchas sociales para el reconocimiento de los derechos de los grupos minoritarios e históricamente discriminados, reconociendo la dignidad, la libertad y la igualdad.

Como introducción, mencionamos a Eurípides, con quien aparece con toda claridad el tema de la igualdad. En efecto, en *Las Suplicantes,* escrita poco después del 424, encontramos un párrafo que penetra de paso en la concepción griega acerca de la ley y como, a partir de ella, se produce una igualdad política:

> *"Nada hay más dañoso para un pueblo que un tirano. En primer lugar, no hay leyes comunes. Uno solo manda, en sus manos está la balanza de la justicia, y ya no es igual a los demás. Pero con legislación escrita el pobre y el rico tienen iguales derechos, y es lícito a los indigentes echar en cara sus faltas a los más poderosos cuando no es buena su fama; y el inferior vence al superior teniendo razón. He aquí la libertad".*[86]

---

85 Montesquieu, *Del Espíritu de las Leyes,* Madrid, Editorial Tecnos S.A., 1987, Libro XV, Capítulo I, p, 165.

86 Hernández Becerra, Augusto, *Las ideas políticas en la historia,* Bogotá, Universidad Externado de Colombia, 2001, p. 62.

Esta idea se replica en *Las Fenicias.* Aquí el autor hace decir a Yocasta:

> *"Es mejor, oh hijo, adorar a la igualdad, lazo de amigos, vínculo de estados, prenda de unión entre aliados: la ley y el derecho sólo son estables entre los hombres, y, lo que es más, sin él es enemigo el que menos vale, y lo obliga a pensar en el día de su venganza. La igualdad entre los mortales es el origen de las medidas y de los pesos".*[87]

Como bien lo señala Jacqueline De Romilly, Eurípides ha colocado entonces a la ley de manera característica: la palabra *nomos* se repite en tres versos consecutivos. Y el régimen que se opone a la tiranía se define, al comienzo de la oración y del verso, por esta condición esencial: *"... con legislación escrita"; "una vez escritas las leyes...".* Entonces, antes de la igualdad, antes de la libertad, en el principio de una y de otra, se encuentra la ley.[88] Pero ya con anterioridad, Homero compara también la solemnidad de un pleito judicial al respeto por la justicia y la ley: en *La Ilíada*, ella se ubica en el centro mismo del escudo de Aquiles.[89]

Parece increíble que Montesquieu, como se verá seguidamente, no parta del concepto de ley o del concepto de naturaleza humana para fundamentar la idea de igualdad. El juez debe ser *"la boca de la ley"*, descripción anticipatoria de lo que será la escuela de la exégesis. Pero el concepto de ley es puramente formal. Un autor del que se predica ser uno de los fundadores del principio de separación de poderes, y al que se considera como padre del constitucionalismo clásico, ilógicamente no cree en la igualdad entre los hombres.

De ahí que este tópico de igualdad de Montesquieu es importante porque contrariamente a lo que se supone, este autor no era partidario de la igualdad, hablaba en términos muy negativos, por ejemplo, de los individuos de raza negra, y eso lleva a pensar que era un individuo que no creía en absoluto en una idea de igualdad material. No obstante respecto a la igualdad formal, Montesquieu era partidario de que las leyes que daba el legislador debían estar en relación con el principio del gobierno.[90]En consecuencia, las leyes que tenían que

---

87 Eurípides, Tragedias, Madrid, Traducida por Eduardo De Mier, Biblioteca Dramáticos Griegos, v. I, 1805, p. 94.

88 De Romilly, Jacqueline, *La ley en la Grecia clásica*, traducción Gustavo Potente, Buenos Aires, Biblos, 2004, p. 20.

89 Homero, Ilíada, Canto XVIII, p. 505.

90 Montesquieu, *Del Espíritu de las Leyes,* Madrid, Editorial Tecnos S.A., 1987, Libro V, Capítulo I, p. 33.

ver con el trabajo, debían vincularse directamente con el principio de cada gobierno.

En el gobierno republicano el principio es el *"amor a la República"* y el amor a la República en la democracia *"es amor a la democracia, y* éste *es amor a la igualdad".*[91] En este contexto se entiende que todos deben tener en la misma proporción: felicidad, ventajas, placeres y esperanza, porque las distinciones producen malestar. Una sociedad donde se busca la riqueza y disfruta de los placeres sin respetar la frugalidad, está contra la igualdad. El gobierno de los prudentes conlleva la felicidad de los hombres. El amor a la igualdad y a la moderación no es propio de la anarquía o de los Estados despóticos, por eso es importante que estas condiciones se establezcan en las leyes. Luego, la distribución de la tierra, herencias, matrimonio y deudas, debían estar ordenadas por leyes para alcanzar la igualdad.

Montesquieu tenía claro lo que correspondía a la igualdad ante la ley, aceptaba que se debían *"igualar las desigualdades*", imponiendo cargas a los ricos y compensaciones a los pobres. *"Toda desigualdad en la democracia debe dimanar de la naturaleza de la democracia y del principio mismo de igualdad".*[92] Sin embargo, esta igualdad formal derivaba de la obediencia y mandato entre iguales. No se trataba de ser mandado u obedecido por iguales, sino que no se tenga por dueño sino solo a un igual.

Entonces, los hombres nacían iguales, pero la igualdad podía cambiar, la sociedad les quitaba esa igualdad, y es por eso que se buscaba que las leyes otorguen equilibrio. Para el análisis de este trabajo, es importante la igualdad material, la cual no fue entendida por Montesquieu como se percibe en la actualidad. La esclavitud era considerada que no era buena por naturaleza, porque ponía en una situación de desventaja a los esclavos frente a sus amos que no mostraban virtudes frente a sus dominados.

Sin embargo, frente a esta posición, el mismo Montesquieu, contradictoriamente sostiene que el exterminio de los indios y la esclavitud de los negros, están fundamentadas:

> *"Los pueblos de Europa, después de haber exterminado a los de América, tuvieron que esclavizar a los de África para emplearlos en la roturación de tan gran cantidad de tierras.– El azúcar sería demasiado cara si no se emplearan esclavos en el trabajo que requiere el cultivo de la planta que produce.– Estos seres de quienes hablamos son ne-*

91 *Ob. cit.*, Libro V, Capítulo III, p. 33.
92 *Ob. cit.*, Libro V, Capítulo V, p. 36.

gros de los pies a la cabeza y tienen además una nariz tan aplastada que es casi imposible compadecerse de ellos".[93]

Es más, busca el exterminio de los indios, en una actitud genocida, mientras que promueve la esclavitud de los negros, con una perspectiva utilitarista (costo– beneficio). En cuanto a las mujeres señalaba que en la República eran libres por ley y esclavas por las costumbres (esclavitud doméstica).[94] Para Montesquieu era natural que el color de la piel y del cabello sean causas apropiadas de diferenciación, como cuando los egipcios daban muerte a los pelirrojos. Asimismo. los negros a su entender no tenían sentido común, porque preferían un collar de vidrio a uno de oro, pensamiento que era propio de la civilización, y que además creer lo contrario, no sería cristiano.[95]

Además, Montesquieu plantea que el clima determina el carácter de las sociedades y de los sistemas de gobierno.[96] Coincide con Jean Bodin en sus *Seis Libros de la República*, quien advierte la importancia del clima en la formación de los caracteres de las personas. En efecto, el clima según ambos autores influye en el estado físico del ser humano, determina su temperamento y estado mental. Tales condiciones pueden aplicarse también a la colectividad.[97]

En conclusión, Montesquieu consideraba la esclavitud opuesta al derecho natural, como quedó señalado, se manifestó de forma abiertamente racista hacia los negros y también con desprecio hacia los indios. En efecto, la igualdad de los seres humanos para este autor, era nula totalmente.

Sobre este punto, nos remitimos a Aristóteles, quien suponía que había esclavos por naturaleza, aquellos que *"...difieren de los demás tanto como el cuerpo del alma o el animal del hombre (y tienen esta disposición todos aquellos cuyo rendimiento es el uso del cuerpo, y*

---

93 *Ob. cit.*, Libro XV, Capítulo V, p. 167.

94 *Ob. cit.*, Libro VII, Capítulo IX, pp. 74, 75 y Libro XV Capítulo X, p. 169.

95 *Ob. cit.* p. 167.

96 *Ob. cit.*, Libro XIV, Capítulo II, p. 155. *"El aire frío contrae las extremidades de las fibras exteriores de nuestro cuerpo; ello aumenta su actividad y favorece el retorno de la sangre desde las extremidades al corazón. Disminuye además la longitud de dichas fibras, por lo que su fuerza queda aumentada. El aire cálido, por el contrario, relaja las extremidades de las fibras y las alarga, por lo que su fuerza y su actividad disminuyen.–Así, pues el hombre tiene más vigor en los climas fríos...".*

97 Bodín, Jean, *Los seis libros de la República*, Madrid, Editorial Tecnos, 1997.

esto es lo mejor que pueden aportar)".[98] Y que por lo tanto era mejor estar sometidos, porque tampoco contrastaban mucho de los animales domésticos y suministraban lo necesario para el cuerpo, a su criterio, la esclavitud era conveniente y justa.

2.2. La idea de igualdad en Rousseau

> *"Habiendo tenido la dicha de nacer entre vosotros,* ¿cómo *podría meditar acerca de la igualdad que la naturaleza ha establecido entre los hombres y sobre la desigualdad creada por ellos, sin pensar al mismo tiempo en la profunda sabiduría con que una y otra, felizmente combinadas en ese Estado, concurren, del modo más aproximado a la ley natural y más favorable para la sociedad, al mantenimiento del orden público y a la felicidad de los particulares?"*
>
> **Jean Rousseau**[99]

La filosofía de Rousseau es importante para abordar el desarrollo moderno del principio de igualdad que se fundamenta básicamente en el contrato social, a partir del cual todos los hombres son iguales. Lo que sustenta es que la desigualdad es la idea de propiedad, conforme lo desarrolla en sus estudios el *Discurso sobre el origen de la desigualdad entre los hombres* y el *Contrato Social.*

Rousseau refiere que el hombre es naturalmente bueno y en el estado de naturaleza, todos son felices, gozan de cierta igualdad porque pueden disfrutar de todos los bienes que existen en la Tierra. En el estado de naturaleza el hombre vaga por los campos, puede recoger frutas de los árboles hasta que en determinado momento uno de ellos fija los límites de su propiedad. Nace la idea de propiedad que es el origen de todos los males y el único remedio es la reforma de la sociedad a través del contrato social. Concluye que la sociedad hace malo al hombre porque existe desigualdad, que es provocada por el diferente reparto de la propiedad privada. El mérito no es importante, porque este no determina el puesto en la sociedad sino la propiedad.

Al respecto, en la teoría del buen salvaje, también describe que los seres humanos son buenos por naturaleza y que cuando empieza a surgir la propiedad privada entra el mal en el mundo. Porque si es

---

98 Aristóteles, *Política,* Edición bilingüe y traducción de Julián Marías y María Araújo, Madrid, Centro de Estudios Políticos y Constitucionales, 2017. Libro 1, 1254b.

99 Rousseau, Jean, *Discurso sobre el origen de la desigualdad de los hombres,* Madrid, Editorial Calpe, 1923, p. 3.

de uno, no es de nadie más, de ahí está el origen de la desigualdad de los hombres. La propiedad privada genera diferencias entre los individuos. En el contrato social se denuncia que las leyes amparan esta desigualdad, porque consagran los privilegios de la nobleza y el clero. Para este autor, la solución es precisamente el contrato social, esto es el sometimiento a la voluntad general –asamblea de ciudadanos–, donde todos son iguales ante la ley.

> *"Tal fue o debió de ser el origen de la sociedad y de las leyes, que dieron nuevas trabas al débil y nuevas fuerzas al rico, aniquilaron para siempre la libertad natural, fijaron para todo tiempo la ley de la propiedad y de la desigualdad, hicieron de una astuta usurpación un derecho irrevocable, y, para provecho de unos cuantos ambiciosos, sujetaron a todo el género humano al trabajo, a la servidumbre y a la miseria".*[100]

Rousseau se opuso a la teoría de Thomas Hobbes,[101] quien en su obra *Leviatán*[102] manifiesta que los hombres son iguales y malos por naturaleza. Nadie nace prudente, sino que la experiencia es lo que le da prudencia.[103] Pone de relieve el menosprecio del hombre al otro y su consideración como superior, produciéndose la divergencia que es la competencia,[104] situación que, si no es controlada, puede llevar a los hombres a un estado de guerra de todos contra todos.

No obstante, Hobbes indica que el miedo a la muerte y querer vivir con seguridad, permite que los hombres pacten entre ellos. Por ende, el Estado o República es el resultado de dicho pacto, al que el autor denomina *"Leviatán"*, un monstruo que ejerce violencia sobre aquel que lo vulnere. El hombre necesita de una civilización para domesticarse. Nótese que el acuerdo no nace de fines sociales sino individuales. Es, precisamente, la concesión de ese poder al Estado que lo encarna el rey o su representante, lo que obliga a que el individuo se defienda o que rompa el contrato.

---

100 Ob. cit. p. 80.

101 Hobbes, Thomas, *Leviatán,* Segunda Edición, Traducción Carlos Moya y Antonio Escohotado, Madrid, Editora Nacional, 1980, parte segunda, De La República, Capítulo XVIII, De los derechos soberanos por institución, pp. 268–269.

102 Isaías 27: 1, *"Aquel día Yavé castigará con su espada firme, grande y pesada a la serpiente Leviatán, que es una serpiente astuta, y matará al dragón del mar"*, https://www.bibliacatolica.com.br/biblia–latinoamericana/isaias/27/.

103 Ob. cit. parte primera, Del hombre, Capítulo VIII, De las virtudes comúnmente llamadas intelectuales y de los defectos a ellas opuestos, pp. 175–176.

104 Ob. cit. Capítulo XI, De la diferencia de maneras, p. 200.

Rousseau, por su parte, manifiesta que los ciudadanos no pueden entregar una voluntad política a un solo gobernante, porque implica una pérdida de identidad, las personas dejan de ser individuales para ser parte de la comunidad, la voluntad general es la que debe primar para todos. Para este filósofo es coherente *"que ningún ciudadano sea lo bastante opulento como para poder comprar a otro y ninguno sea lo bastante pobre como para estar obligado a venderse"*,[105] porque si existe desigualdad, no hay una sociedad justa.

A diferencia de Hobbes, el estado de naturaleza para Rousseau es eminentemente social, porque busca una relación armoniosa entre todos. Aunque los hombres han sido destruidos cuando se preocupan por su propia riqueza y el poder.

> *"El primer hombre a quien, cercando un terreno, se lo ocurrió decir esto es mío y halló gentes bastante simples para creerle fue el verdadero fundador de la sociedad civil ¡Cuántos crímenes, guerras, asesinatos; cuántas miserias y horrores habría evitado al género humano aquel que hubiese gritado a sus semejantes, arrancando las estacas de la cerca o cubriendo el foso: «¡Guardaos de escuchar a este impostor; estáis perdidos si olvidáis que los frutos son de todos y la tierra de nadie!»".*[106]

Entonces en esta hipótesis el buen salvaje se unió a otros buenos salvajes por necesidad, y al dividir la tierra en partes iguales, aparece la sociedad civil, y si otro por distintas circunstancias se queda con las tierras de alguien que no la puede poseer, entonces muy pocos tienen muchas tierras y la mayoría no tiene nada. Por ello quien tiene propiedad tiene más poder, constituyéndose en un privilegio. Se genera un enfrentamiento social, no existe armonía porque prima el egoísmo, y los que menos tienen quieren más y los que más tienen, también quieren más. Rousseau presenta un esquema que luego será utilizado por la filosofía política de Marx, como sustento de la lucha de clases.

Contrario a esta teoría, Locke se refiere a la propiedad en los siguientes términos:

> *"Tanto si consideramos la razón natural, la cual nos dice que, una vez que nacen los hombres tienen derecho a su auto conservación y, en consecuencia, a comer, a beber y a beneficiarse de todas aquellas*

---

105 Rousseau, Jean, *El contrato social,* traducción Halpelín Donghi, Buenos Aires, Editorial Lozada S.A., 2003, p. 84.

106 *Ob. cit.* p. 63.

> *cosas que la naturaleza procura para su subsistencia (...) ocurre, sin embargo, que como dichos bienes están ahí para uso de los hombres, tienen que haber necesariamente algún medio de apropiárselos antes de que puedan ser utilizados de algún modo o resulten beneficiosos para algún hombre en particular. (...) Aunque la tierra y todas las criaturas inferiores pertenecen en común a todos los hombres, cada hombre tiene, sin embargo, una propiedad que pertenece a su propia persona; y a esa propiedad nadie tiene derecho, excepto él mismo. El trabajo de su cuerpo y la labor producida por sus manos podemos decir que son suyos".*[107]

Asimismo, fue criticado por su contemporáneo Voltaire. Al respecto Prévand afirma:

> *"Rousseau envió su libro Discurso sobre el origen y los fundamentos de la desigualdad entre los hombres a Voltaire. En él se defendía la bondad del género humano y las virtudes del hombre primitivo en contacto con la naturaleza. Voltaire respondió: leyendo vuestro libro dan ganas de andar a cuatro patas. Desgraciadamente hace ya 60 años perdí esta costumbre y dejo, por tanto, la posición natural (de cuadrúpedo) a los más dignos de ella, como vos."*[108]

Para Voltaire, nunca nadie hizo tanto para volver a vivir como bestias, sin propiedad privada.

Sin embargo, para Rousseau la sociedad se guiaba por dos sentimientos[109] el amor a sí mismo, para buscar sobrevivir, y la piedad, para socorrer a quienes sufren. Es la sustitución en *"el estado natural a las leyes, a las costumbres y a la virtud"*[110]. La piedad impide que un fuerte quite a un débil lo adquirido por él con esfuerzo. En

---

107 Locke, John, *Segundo Tratado sobre el gobierno civil,* traducción, introducción y notas, Carlos Mellizo, Madrid, Editorial Tecnos, 2006, pp. 33 y 35.

108 Prévand, Jean Francois, Flotats Josep María, Voltaire/Rousseau, la disputa, https://www.google.com/search?q=cada+vez+que+leo+sus+obras+me+vienen+ganas+de+andar+en+cuatro+patas+Voltaire&oq=cada+vez+que+leo+sus+obras+me+vienen+ganas+de+andar+en+cuatro+patas+Voltaire&aqs=chrome..69i57.13133j0j15&sourceid=chrome&ie=UTF–8#.

109 Rousseau, Jean, *Discurso sobre el origen de la desigualdad de los hombres,* Madrid, Editorial Calpe, 1923, p. 51 y 54. *"Hay además otro principio que Hobbes no ha observado, el cual, habiéndole sido dado al hombre para suavizar en ciertas circunstancias la ferocidad de su amor propio o su deseo de conservación antes del nacimiento de este amor, modera el ardor que siente por su bienestar con una innata repugnancia a ver sufrir a sus semejantes. (...) Es, por tanto, perfectamente cierto que la piedad es un sentimiento natural que, moderando en cada individuo de su amor a sí mismo, concurre a la mutua conservación de la especie".*

110 *Ob. cit.* p. 54.

lugar de la máxima de Kant *"Tratar a los demás como quieres que te traten a ti"*, lo correcto para este autor es *"Haz tu bien con el menor daño posible para otro"*.

La propiedad privada, además, es la generación de la desigualdad social, porque genera mayor libertad a quien la posee. La diferencia con Hobbes es señalar que la propiedad privada es el problema del hombre y no su naturaleza, y con Locke porque estimaba que la propiedad privada era parte del derecho natural del hombre, que la obtenía gracias a su esfuerzo y trabajo.

Para Rousseau el hombre en su estado de naturaleza es bueno y la corrupción es el resultado de la sociedad que acepta la propiedad privada. Los gobiernos tienen un poder arbitrario –corrupción– porque promueve la ley del más fuerte, que es ilegítimo y no puede servir de fundamento de las leyes para la sociedad, porque genera la desigualdad.

Es decir, propone un pacto social entre iguales, recuperando la *libertad civil,* habiéndose el pueblo basado en su consentimiento, reunido todas sus voluntades para lograr la voluntad general, entendida como un único hombre. El poder soberano ya no está en un solo hombre sino en el pueblo, se puede entender, entonces, la concreción de la democracia.

Fue su deseo haber nacido en un país donde el soberano y el pueblo tengan el mismo interés, y esto solo sucedería si los dos fueran una misma persona *"yo habría querido nacer bajo un gobierno democrático sabiamente moderado"*.[111] Un Estado en que todos estén bajo la ley y ninguno de sus habitantes esté sobre ella, porque si existe este hombre, él ejercería dominio sobre los demás y la igualdad no existiría.

Para Rousseau el origen de la sociedad y las leyes que debilitaron a los pobres y fortalecieron a los ricos, abolieron la libertad natural, fijaron la ley de propiedad y de la desigualdad, entonces la usurpación se constituyó en un derecho irrevocable para unos pocos, mientras que la mayoría está sujeta al trabajo, a la servidumbre y a la miseria.[112] De manera contraria a la naturaleza se implementó la esclavitud y no menos grave que el hijo de la esclava nace esclavo, es decir no nace hombre.

Por tanto, estableció la igualdad en tres términos: el primero que se produce por el origen de la ley y del derecho de propiedad, entonces se tiene el rico y el pobre. El segundo con la magistratura, que da como resultado la diferencia entre el poderoso y el débil. Y, como tercero, que

---

111 *Ob. cit.* p. 4.

112 *Ob. cit.* p. 80.

es el último grado de desigualdad, esto es, la transformación del poder político a arbitrario, de lo que se obtiene el señor y esclavo.

> *"Éste es el último término de la desigualdad, el punto extremo que cierra el círculo y toca el punto de donde hemos partido. Aquí es donde los particulares vuelven a ser iguales, porque ya no son nada y porque, como los súbditos no tienen más ley que la voluntad de su señor, ni el señor más regla que sus pasiones, las nociones del bien y los principios de la justicia se desvanecen de nuevo; aquí todo se reduce a la sola ley del más fuerte, y, por consiguiente, a un nuevo estado de naturaleza diferente de aquel por el cual hemos empezado, en que este último era el estado natural en su pureza y otro es el fruto de un exceso de corrupción".*[113]

En efecto, el mismo gobierno ha hecho que unas personas tengan mayor poder, riqueza e influencia que otras. Porque con las distinciones políticas van apareciendo las distancias civiles, y al respecto, se tienen cuatro categorías: la riqueza, la nobleza, el rango, y el poderío o el mérito personal,[114] siendo las cualidades personales el origen de las otras, y la riqueza es la última, a la cual se reducen al cabo las otras.[115]

Rousseau considera en la especie humana, dos clases de desigualdades:

> *"que yo llamo natural o física porque ha sido instituida por la naturaleza, y que consiste en las diferencias de edad, de salud, de las fuerzas del cuerpo y de las cualidades del espíritu o del alma; otra, que puede llamarse desigualdad moral o política porque depende de una especie de convención y porque ha sido establecida, o al menos autorizada, con el consentimiento de los hombres. Esta consiste en los diferentes privilegios de que algunos disfrutan en perjuicio de otros, como el ser más ricos, más respetados, más poderosos, y hasta el hacerse obedecer".*[116]

La diferencia entre el hombre natural y el hombre social, es que el uno vive en sí mismo, mientras que el otro vive fuera de sí, solo sabe vivir según la opinión de los demás.[117] El primero tiene mayor fuerza, esparcimiento y puede defenderse de los animales salvajes

---

113 *Ob. cit.* pp. 96– 97.
114 *Ob. cit.* p. 93.
115 *Ob. cit.* p. 94.
116 *Ob. cit.* p. 24.
117 *Ob. cit.* p. 99.

porque desarrolló un sistema de supervivencia, el segundo no es tan fuerte.[118] El hombre natural es bueno, no es envidioso, una vez que vive en sociedad se transforma, es egoísta y surgen los prejuicios y la desigualdad. Por lo tanto, la sociedad corrompe.

En efecto, para este autor la desigualdad no existe en el estado de naturaleza y la desigualdad moral es contraria al derecho natural. El Estado debe surgir de un pacto entre hombres cuando la mayoría de ellos (soberano) se pone de acuerdo para elegir un representante, que le permita hacer suyas las acciones de la Asamblea, sometiéndose a las leyes que le sean impuestas con el fin de mantener la armonía. Construir un Estado lo más cercano al estado de naturaleza del hombre. Esta es la voluntad general a la que todos se someten por el bien común. La igualdad, entonces pasa a ser además de un estado de la naturaleza, un objetivo político. Como forma de declaración política, el concepto de igualdad se plasma posteriormente en la Revolución Francesa, y de allí en adelante no ha dejado de crecer.

2.3. La Revolución francesa, la igualdad y consecuencias laborales

"Libertad, igualdad y fraternidad"

Revolución Francesa 1789

Previo a la Revolución Francesa, en 1764 se implementó una política económica de *"libertad ilimitada de comercio de granos"*, lo que encareció los productos de primera necesidad, favoreciendo de sobremanera a grupos feudales en detrimento de pequeños campesinos quienes –como arrendatarios de tierras– eran los que en realidad cultivaban los productos agrícolas. De ahí que ante el alza del costo de vida, surgieron revueltas populares, obligando al reino –en 1768– a intervenir para regularizar los precios y reducir costos con el fin de asegurar la alimentación del pueblo.[119] No obstante, en 1775 se

118 *Ob. cit.* p. 30. *"Pero el hombre salvaje, viviendo disperso entre los animales y encontrándose desde temprano en situaciones de medirse con ellos, hace en seguida la comparación, y viendo que si ellos le exceden en fuerza* él *los supera en destreza, deja de temerlos ya. Poner a un oso o a un lobo en lucha con un salvaje robusto,* ágil *e intrépido como lo son todos, armado de piedras y de un buen palo, y veréis que el peligro será cuando menos recíproco, y que después de muchas experiencias parecidas, las bestias feroces, que no aman atacarse unas a otras, atacarán con pocas ganas al hombre, que habrán hallado tan feroz como ellas".*

119 Florence Gauthier, *Historia de la Revolución Francesa: 1789, 1795, 1802. Triunfo y muerte de la Revolución de los derechos del hombre y del ciudadano.* 2018,

instauró la misma práctica económica, lo que provocó un gran levantamiento popular, instituyéndose la primera Ley Marcial[120] para frenar dichos disturbios, aun así, a la postre, el monarca se obligó a desistir de tal política.

Nuevamente, en 1789, se adoptaron medidas capitalistas traducidas en la libertad ilimitada de comercio de granos, liberando los precios en el mercado, provocando con esto el alza de costos en los productos de primera necesidad, y consecuentemente la rebelión del pueblo. Así el 21 de octubre de tal año, para reprimir tal acontecimiento se dictó –por segunda vez– la Ley Marcial[121] como método para constreñir el levantamiento popular, tratándose de un estado de excepción que permitía entre otras medidas *"fusilar a los campesinos rebeldes"*,[122] que no acabaría sino con la revolución de 10 de agosto de 1792. Por ello desde 1793 se propende la *"recuperación de las comunas usurpadas por los señores; huelga de pagos de rentas e impuestos; creación de silos populares gestionados por las comunas para destruir esta 'libertad de comercio'"*.[123]

Las prerrogativas de la monarquía y el influjo de los enciclopedistas fueron los detonantes para la Revolución francesa, que empezó con la toma de la Bastilla el 14 de julio de 1789 bajo el lema libertad, igualdad y fraternidad. Asimismo, la Asamblea Nacional Constituyente de Francia, el 26 de agosto del mismo año, aprobó la Declaración de los Derechos del Hombre y del Ciudadano.[124]

La Revolución Francesa cambió toda la estructura de las instituciones de Francia y de Europa, entonces no puede considerarse un hecho puramente francés. El tinte liberal de la Revolución fue propicio para que sus máximas, sean el referente por el cual los ciudadanos menos aventajados –campesinos, siervos, jornaleros, obreros–

---

http://www.sinpermiso.info/textos/historia–de–la–revolucion–francesa–178917951802–triunfo–y–muerte–de–la–revolucion–de–los–derechos.

120 Joaquín Miras Albarrán, *La democracia jacobina*, p. 2. https://ddd.uab.cat/pub/reprep/18861970v2/18861970v2a13.pdf.

121 *Ob. cit.* p. 3.

122 Piotr Kropotkin, *La Gran Revolución Francesa (1789 – 1793)*, Buenos Aires, Libros de Anarres, 2015, p. 174.

123 Florence Gauthier, *Historia de la Revolución Francesa: 1789, 1795, 1802. Triunfo y muerte de la Revolución de los derechos del hombre y del ciudadano*, http://www.sinpermiso.info/textos/historia–de–la–revolucion–francesa–178917951802–triunfo–y–muerte–de–la–revolucion–de–los–derechos.

124 Declaración de los Derechos del Hombre y del Ciudadano. Artículo 1: *"Los hombres nacen y permanecen libres e iguales en derechos"*.

exijan la desaparición del feudalismo y la declaración de derechos. Para que la Revolución tenga éxito, se colocó como principio la igualdad, lo que conllevó a que el pueblo sea partícipe del levantamiento, en el entendimiento de que sus aspiraciones iban a ser las mismas que la burguesía.

Edmund Burke, manifiesta que en la revolución:

> *"Los juiciosos se determinarán por la gravedad del caso; los irritables por su sensibilidad contra la opresión; los altos espíritus por desdén e indignación contra el poder abusivo en manos indignas; los bravos y audaces por amor del peligro honorable en una causa generosa; pero con o sin derecho, una revolución será el último de todos los recursos de la gente reflexiva y buena".*[125]

Para Burke, una revolución no es lo ideal. El hombre tiene derecho a los frutos de su trabajo y, por lo tanto, siguiendo a Locke debe conservar lo que ha conseguido sin lesionar el derecho de los otros. Entonces, en su razón, todos los hombres tienen iguales derechos, pero no tienen derecho a tener las mismas cosas. Por ello, la desigualdad es inherente al ser humano. *"Creedme señor, quienes intentan nivelar jamás igualarán. En todas las sociedades compuestas por diversos sectores de ciudadanos, algún grupo debe quedar arriba. Por lo tanto los niveladores sólo cambian y pervierten el orden natural de las cosas..."*.[126]

En este contexto, se puede ejemplificar este tipo de desigualdad, como lo hacía Platón cuando trataba a la ciudad como un *macroanthropos* (hombre grande) y al hombre como un *micropolis* (ciudad pequeña) el uno dependiente del otro. En esta sociedad, la ciudad estaba dividida en tres estamentos: los sabios, los guerreros y los trabajadores. Como se conoce, los sabios se situaban en la cabeza y su virtud era la sabiduría, guiaban a la ciudad a la justicia.[127] Luego se ubicaban los guerreros en el plexo, su atributo correspondiente fue

---

125 Burke, Edmund, *Reflexiones sobre la Revolución Francesa,* Buenos Aires, Ediciones Dictio, 1980, p. 80

126 *Ob. cit.* p. 164.

127 Platón, *La República,* Madrid, Biblioteca Clásica Gredos, 1988, 429a. *"En este caso, gracias al grupo humano más pequeño, que es la parte de él mismo que está al frente y gobierna, un Estado conforme a la naturaleza ha de ser sabio en su totalidad. Y de este modo, según parece, al sector más pequeño por naturaleza le corresponde el único de estos tipos de conocimiento que merece ser denominado 'sabiduría'".*

la fortaleza y su deber era proteger a la ciudad.[128] Y los trabajadores –campesinos, artesanos– estaban más abajo, en las extremidades, su cualidad era la templanza.[129] En efecto, mientras cada estamento –gobierno, defensa y producción– cumplía la función que le incumbía y se mantenía en el nivel al cual pertenecía, se alcanzaba el equilibro y se obtenía un estado justo.

Del mismo modo, lo entendió Julius Evola en su obra *Rebelión en el mundo moderno,* cuando al explicar la filosofía de la India –vinculada estrechamente con la de Irán–, señalaba que existían cuatro castas: la superior, los *brahamanes,* autoridades espirituales; los *kshatriyas,* nobleza guerrera; los *vaishas,* la burguesía y los *sudras,* siervos o trabajadores. En este contenido, el hombre reconocía su lugar en función a las justas relaciones de superioridad e inferioridad. La jerarquía no era una cuestión de voluntad sino de naturaleza.[130]

Pero, cuando este autor se refiere a la *regresión de las castas,* hace un análisis muy similar al de Burke, y en relación con la Revolución Francesa, manifiesta que esta tiene lugar cuando las jerarquías se van constituyendo por actores diferentes a los originarios. Por lo tanto, si el estamento superior en un primer momento tenía origen espiritual y estaba siendo desplazada por la conveniencia e interés material, que a su vez controla el poder político: *"la aristocracia cede el lugar a la plutocracia; el guerrero al banquero y al industrial. La economía vence sobre todas las líneas. El tráfico con la moneda y el interés, antes confinado en los guetos, invade la nueva civilización".*[131] Como resultado, se genera la crisis que provoca injusticia.

Por consiguiente, esta idea de justicia, como lo consideraban Platón y Burke, se fundamenta precisamente en la desigualdad natural

---

128 *Ob. cit.* 440d, *"Por el contrario, en el caso de alguien que se considere víctima de injusticia, su fogosidad hierve en* él, *se irrita y combate por lo que tiene por justo, y sufre hambre, frío y padecimientos similares, soportándolos hasta que triunfe, no cesando en sus nobles propósitos hasta que los cumple por completo, o bien hasta que perece o se calma al ser llamado por la razón como el perro por su pastor".*

129 *Ob. cit.* 369d, *"– Veamos ahora–continué– : ¿*cómo *satisfará un Estado la pro visión de tales cosas? Para la primera, hará falta al menos un labrador; para la segunda, un constructor; y para la tercera, un tejedor. ¿*No *añadiremos también un fabricante de calzado y cualquier otro de los que asisten en lo concerniente al cuerpo? –Ciertamente.–Por ende, un Estado que satisfaga las necesidades mínimas constará de cuatro o cinco hombres".*

130 Evola, Julius, *Rebelión contra el mundo moderno,* traducción del italiano y estudio preliminar: Lic. Marcos Ghio, Buenos Aires, Ediciones Heracles, 1994, pp. 130 y 131.

131 *Ob. cit.* p. 402.

de los seres humanos. Así, se insiste, cuando el guerrero se enfrenta al sabio y toma el poder –segundo estado–, o el artesano y comerciante desafían a quien tiene el poder, –tercer estado– el resultado es: la revolución francesa.

Contrario a lo expuesto, recordemos que para Aristóteles, la inestabilidad estatal, está dada porque los grupos sociales segregados, o que se consideran como tales, buscar ser tratados –en una condición de igualdad– según sus méritos.

Así expresa:

> *"las sublevaciones tienen, pues, siempre, por causa la desigualdad, pero no si los desiguales tienen lo que les corresponde (pues la monarquía hereditaria sólo es desigual si existe entre iguales), y en general los que se sublevan lo hacen buscando la igualdad. Pero la igualdad es de dos clases: igualdad numérica e igualdad según los merecimientos. Llamo igual numéricamente a lo que igual o idéntico en cantidad o tamaño, y según sus merecimientos a lo que es proporcionalmente...".*[132]

En consecuencia, para Platón y Aristóteles es importante el funcionamiento del Estado, para el primero es necesario el respeto de los estamentos sociales en una idea de desigualdad originaria, si se la observa no existirá tribulación. Para el segundo, los conflictos son provocados porque los ciudadanos que se sienten desprovistos, en nombre de la igualdad, pretenden que se les trate de acuerdo con sus méritos, así es partidario de una desigualdad meritoria.

El principio de igualdad y la prohibición de discriminación promulgada por la Revolución Francesa, fue acogida con exaltación por ser uno de los trascendentales postulados de los revolucionarios. La Revolución Francesa constituyó la transformación de un régimen extractivo a uno inclusivo, que tiene como puntos de contexto lo económico, lo político y lo cultural.

Para Hilaire Belloc, los principios pregonados por la Revolución nada tenían que ver con la teoría revolucionaria en sí misma. Sin embargo, uno de esos grandes postulados sin los cuales la Revolución hubiera carecido de sentido, es la igualdad. A pesar de que la igualdad no corresponde a una realidad física que pueda ser aprehendida y tampoco puede ser esbozada de objetos físicos.

---

132 Aristóteles, *Política,* Edición bilingüe y traducción de Julián Marías y María Araújo, Madrid, Centro de Estudios Políticos y Constitucionales, 2017, 1301b.

"La doctrina de la igualdad de los hombres es una doctrina trascendente: un 'dogma', como llamamos a tales doctrinas en el campo de la religión trascendental (...) Podemos tratar de racionalizarla diciendo que lo que tienen en común todos los hombres no es más importante sino infinitamente más importante que los accidentes que los distinguen. Podemos comparar los atributos humanos a medidas tridimensionales, y los atributos personales a medidas bidimensionales; podemos decir que todo aquello que tiene el hombre en virtud de su propia naturaleza es el patrón humano, y podemos mostrar que en todas estas cosas los hombres son potencialmente iguales".[133]

En efecto, si los hombres no son iguales entonces ninguna acción social tendría sentido, la igualdad es demostrable no por su existencia sino por su ausencia. Pero, creerla como un dogma es lo que dio significado a la Revolución.

Para Simone Weil, la igualdad es el reconocimiento público, expresado por las instituciones y las costumbres, de que la misma cantidad de respeto es debida al ser humano, *"...porque el respeto se debe al ser humano como tal y no tiene grados".*[134] Esta autora señala que para que no se produzca un estallido social es importante que exista mesura entre el movimiento ascendente y el descendente, entonces ejemplifica señalando que el hijo del peón puede llegar a ser ministro y el hijo del ministro peón, pero en este segundo supuesto sería peligroso porque, a su decir, se produciría una coacción social.[135]

En relación con el trabajo, en Francia con el Enciclopedismo[136] decayeron completamente las pocas corporaciones que subsistían y fueron aplastadas por el régimen industrial naciente. No obstante, es necesario señalar que hubo un antecedente:

"El primer ataque directo proviene de Colbert, que con el objeto de conseguir mayores beneficios para el Estado, estableció elevados derechos para expedir las cartas patentes a las corporaciones consagradas a cualquier arte mecánico. Esa ley financiera, de pura finalidad eco-

---

133 Belloc, Hilaire, *La revolución francesa,* Buenos Aires, Editorial Sudamericana S.A. segunda edición, 1967, p. 19.

134 Weil, Simone, *Raíces del Existir,* Buenos Aires, Editorial Sudamericana S.A., 1949, p. 29.

135 *Ob. cit.* p. 30.

136 A partir del año 1751 hasta el 1772 en Francia con la directriz de Denis Diderot y Jean D'Alembert se publicó *L'Encyclopédie ou Dictionnaire raisonné des sciences, des arts et des métiers que* fue la expresión del enciclopedismo, corriente filosófica que incluía aspectos referentes al conocimiento y contenía ilustraciones de la nueva maquinaria.

nómica estatal, se mantuvo hasta el Edicto de Turgot, que epiloga la historia corporativa gremial".[137]

El Edicto de Turgot en efecto tuvo relación con la caída de las corporaciones, los anhelos libertarios de Francia y con la industria que nacía, época en la que Turgot, Ministro de Luis XVI el 12 de marzo de 1766 dictó un edicto en el que se reconocía el derecho al trabajo, la facultad para ejercer libremente el comercio, la profesión que plazca y el número de profesiones que se considere al mismo tiempo,[138] sacrificando la especialización del trabajo. De ahí que, lo que hizo la Revolución Francesa fue sustituir una forma de desigualdad por otra.

Hubo intentos para que la igualdad sea un postulado tangible, así la Revolución concretó su cometido con la Declaración de los Derechos del Hombre y del Ciudadano, de 26 de agosto de 1789, que recogió algunos principios de la Declaración de Derechos de Virginia, de 12 de junio de 1776; pero, la Declaración de 1789 es más amplia respecto a los derechos de los hombres, contempla los derechos naturales como la libertad, la propiedad, la seguridad, la resistencia.

El artículo 1 consagra el principio de la igualdad *"Los hombres nacen y permanecen libres e iguales en derechos"*, y sobre la propiedad, el artículo 17, determina: *"Siendo la propiedad un derecho inviolable y sagrado, nadie puede ser privado de* él, *a no ser que la necesidad pública, legalmente constituida, lo exija con toda evidencia y bajo la condición de una justa y previa indemnización"*. El artículo

---

137 Alcalá– Zamora y Castillo, Luis y Cabanellas de Torres, Guillermo, *Tratado de Política Laboral y Social*, , Buenos Aires, Editorial Heliasta S.R.L., t. I, 1972, p. 249.

138 Lastra, José Manuel, "Las Corporaciones de Oficios y la Libertad de Asociación en Francia", en *Revista de la Facultad de Derecho de la Universidad Nacional Autónoma de México*, México, p. 229. *"La supresión de las corporaciones, reclamada desde hace veinte años por los economistas, era la obra capital que Turgot estaba dispuesto a realizar. Para tal efecto, el Fiscal General pensaba que la libertad todo lo solucionaría y mantendría un equilibrio perfecto entre la oferta y la demanda.– En el preámbulo de su famoso edicto seguido de veinticuatro artículos, el primero sería el preludio de la extinción del régimen corporativo en Francia: Todas las personas de cualquier calidad y condición tendrán libertad para ejercer en nuestro reino, la especie de comercio y profesión de artes y oficios que les plazca y hasta ejercer varias; para lo cual, eliminamos y suprimimos (...) todas las corporaciones y comunidades de mercaderes y artesanos, así como los maestrazgos y jurandos y, anulamos todos los privilegios, estatutos y reglamentos otorgados a dichas corporaciones".*

6 instauró la igualdad de los ciudadanos ante la ley y todos podían ejercer cargos públicos de acuerdo con sus capacidades.[139]

Más allá de lo anterior, no hubo voluntad de la burguesía para otorgar a la sociedad civil el beneficio de los principios de igualdad. La Declaración de 1789 fue el preámbulo para la Constitución de 3 de septiembre de 1791. En esta última, al igual que en la anterior, las mujeres seguían siendo excluidas y los ciudadanos se clasificaban en *"activos"*, estos eran los mayores de 25 años, que supieren leer y escribir y pagaren impuestos, mientras que los *"pasivos"*, eran analfabetos y por no tener propiedad o negocio no contribuían con tributos. Solo los ciudadanos activos podían elegir a los representantes de sus Departamentos, para que estos a su vez escojan diputados provinciales asignados a la Asamblea.

Por su parte, la Ley *Le Chapelier*–se denominaba así porque el diputado Yves Le Chapelier presentó un proyecto ante la Asamblea Nacional, el 14 de junio de 1791–afianzó la desaparición de las corporaciones profesionales, la instauración de la libertad de empresa, y limitó el derecho de asociación, contrario al principio de libertad promulgado por la Revolución Francesa. Además, si se entiende en el contexto de aquel tiempo, la ley de libertad de trabajo fue emitida porque las corporaciones constituían privilegio para quienes las integraban, pues a su entender impedían la libertad profesional, por ello fue dictada bajo el argumento de que no puede existir otra asociación que no sea el Estado y no puede primar el interés particular sobre el general.

Como se sabe, en el siglo XVIII los gremios de características feudales sufrieron una transformación por iniciativa de los trabajadores, y porque los dueños del capital pretendían el desarrollo de la industria. Las corporaciones habían dejado de tener tutela sobre los derechos de los trabajadores. Los maestros, en lugar de ganarse su título por la experiencia y especialización laboral, a su muerte heredaban a sus deudos la maestría o también podían venderla a quien pagaba más por ella. La monarquía ganó protagonismo ante las corporaciones, sometiéndolas a la autoridad real y disminuyendo

139 *"La Ley es la expresión de la voluntad general. Todos los Ciudadanos tienen derecho a contribuir a su elaboración, personalmente o a través de sus Representantes. Debe ser la misma para todos, tanto para proteger como para sancionar. Además, puesto que todos los Ciudadanos son iguales ante la Ley, todos ellos pueden presentarse y ser elegidos para cualquier dignidad, cargo o empleo públicos, según sus capacidades y sin otra distinción que la de sus virtudes y aptitudes".*

sus derechos y autonomía funcional, siendo este último punto, otro de los argumentos para que tuviera lugar la Revolución.

Una vez que las agrupaciones gremiales perdieron su histórico fin que era buscar el beneficio de sus miembros, comenzó su decadencia que se conjuga con el aparecimiento de una clase de asalariados y de nuevas técnicas industriales que opacaron el trabajo artesanal.[140] Lo anterior da lugar a la consolidación de la naciente burguesía que, acompañada con la conquista de nuevos territorios en América, Asia y África, provocó la suplantación del trabajo manufacturero por el trabajo fabril. Con las nuevas herramientas: la utilización del vapor, la rueda mecánica, el huso, la lanzadera mecánica, se produjo una próspera industrialización y la anarquía reemplazó a los estatutos de las corporaciones.

La decadencia de los gremios, sin duda, constituyó un retroceso para el derecho laboral y el reconocimiento de los derechos de los trabajadores, por cuanto el sentido de comunidad de la agrupación, que fue un avance muy importante en la época medieval, corría peligro de desaparecer; sin embargo, la organización laboral no podía ser enterrada sino resurgiría con nuevas formas de protesta y conquistas.

El Código Civil Francés, dictado por Napoleón en 1804, en su título VIII denominado *"Del Contrato de Locación o Conducción"*, en el artículo 1710, señala que la locación de obra es un contrato por el cual una de las partes se obliga a hacer alguna cosa por otro, mediante cierto precio, que este obliga a pagarle, figura proveniente del derecho romano. Cabe señalar que el Código Civil francés constituyó el antecedente para el Código Civil chileno y que a su vez fue adoptado por Ecuador. Se inicia así el proceso de codificación en América.

Las pésimas cosechas en el continente europeo provocaron crisis económicas que repercutieron en la industria, especialmente en los años 1816, 1825, 1836 y 1846; sin embargo, en 1850 debido al descubrimiento de minas de oro, Europa resurge y empieza una época de prosperidad. No obstante, otra crisis aparece en los años 1857 cuando baja el precio del trigo en América.

El Congreso instaurado en Londres por la Liga Comunista en 1847 encargó a Karl Marx y Friedich Engels redactar su corriente

---

140 Fernández Sabaté, Edgardo, *Hombre y comunidad a través de la historia*, Buenos Aires, Ediciones Depalma, v. II, 1978, p. 29. *"En efecto, la burguesía enriquecida no quería compartir sus ganancias con los trabajadores y, por tanto, erigieron 'fábricas' en las cuales los obreros recibían un 'salario' sin una participación en los beneficios".*

política, que fue conocida en Francia antes de la revolución. Esta fue una transmutación del pensamiento socialista que era entendido más bien como un movimiento burgués, en tanto que se buscaba que el proletariado tuviera un lugar dentro de la sociedad, que sea reconocida como clase, lo cual era posible con el decaimiento de la burguesía. Mientras que el obrero trabajaba no ganaba, y el dueño de la fábrica no trabajaba y ganaba, esa era la lógica a la que el proletariado se oponía.

> *"El proletariado recorre diversas etapas antes de fortificarse y consolidarse. Pero su lucha contra la burguesía data del instante mismo de su existencia.– Al principio son los obreros aislados; luego, los de una fábrica; luego, los de todas una rama de trabajo, los que se enfrentan, en una localidad, con el burgués de producción, van también contra los propios instrumentos de la producción; los obreros, sublevados, destruyen las mercancías ajenas que les hacen competencia, destrozan las máquinas, pegan fuego a las fábricas, pugnan por volver a la situación, ya enterrada, del obrero medieval".*[141]

El Manifiesto Comunista procura la intervención del Estado en los aspectos de la sociedad en especial la concentración de las industrias de transporte y la creación de industrias de carácter público. Se utilizó el término comunista por cuanto se había denominado socialismo a aquellas reuniones que se llevaban a cabo por burgueses en salones de la ciudad. A la vez mientras que el comunismo abarcaba al proletariado, se entendía más identificada con el carácter revolucionario de esta filosofía.

El Manifiesto comunica la lucha de clases entre explotados y explotadores como algo que no se puede impedir. La plusvalía que va de la mano de la política capitalista y que consiste en el valor añadido a un producto, y obviamente es la ganancia adicional que obtiene el capitalista y constituye una forma solapada de enriquecimiento. Asimismo, la acumulación de capitales que propende a aumentar la riqueza del dueño del capital e incluso consumir a las empresas pequeñas. La dictadura del proletariado tiene relación con que el pueblo posee autoridad política no así la burguesía, y que al ser una dictadura no es lo ideal, pues lo que se pretende es un equilibrio entre ambas clases.

---

141 Marx Karl– Engels Friedrich, *El Manifiesto Comunista,* Santiago, Escuela de Filosofía de la Universidad de Chile, 2012, p. 18.

El materialismo histórico señala que la dictadura del proletariado constituye el paso del capitalismo al comunismo, y de este modo lograr el fin del primero. El ejército industrial de reserva es el conjunto de trabajadores dispuestos a vender su fuerza de trabajo y, sin embargo, no encuentran quien la compre.

> *"Marx sostuvo que el capital produce, tendencialmente, un ejército industrial de reserva cada vez mayor. Con un número de fuerzas de trabajo que permanece aproximadamente igual esto solo es posible si el efecto negativo del aumento de la fuerza productiva prevalece sobre el efecto positivo de la acumulación. Si consideramos un capital individual concreto no podemos predecir en general qué efecto es el más fuerte. Marx, empero, argumenta que para los capitalistas individuales hay dos posibilidades de crecimiento: una causa de la transformación de plusvalor en capital (a lo que Marx denomina concentración del capital); otra a causa es la unión de diversos capitales (proceso de fusión pacífico o como toma de posesión hostil). Marx lo denomina centralización del capital".*[142]

Igualmente se tiene la teoría del empobrecimiento progresivo de los trabajadores, que se sustenta en que el descomunal acopio del capital empobrece a los obreros. Por lo expuesto, se aspira a que la clase obrera alcance espacios de poder en el Estado, que desaparezca la clase burguesa, y si no era así, que se unan las clases obreras y burguesas para derrotar a la monarquía y al feudalismo, sin dejar de lado la separación clara entre obreros y burgueses, y la consabida desaparición de la propiedad privada de la burguesía; sin embargo, la propiedad individual producto del trabajo se reconoce.

> *"Adam Smith ya con un criterio más realista, habla de clase trabajadora, de clase pobre, como contrapuesta a la clase capitalista, conceptos que repiten Ricardus, Saint-Simon y Fourier. Pero es Marx y Engels donde el concepto de clase adquiere toda su virulencia al enfrentar el capitalismo con el proletariado en lucha abierta y feroz".*[143]

Como se sabe, la sociedad capitalista se caracterizaba por el dominio que tenían los dueños de los medios de producción, y si los trabajadores pretendían gestionar la industria, estaban en contra de los

---

142 López Arnal, Salvador, "Acumulación, ejército industrial de reserva, depauperación" en *Rebelión,* https://rebelion.org/acumulacion–ejercito–industrial–de–reserva–depauperacion/.

143 Carró Igelmo, Alberto José, *Historia Social del Trabajo,* Barcelona, Industria Gráfica Ferrer Coll S.A., 1979, pp. 14– 15.

derechos de propiedad de los empresarios. La formación profesional fue un elemento para el monopolio de oportunidades laborales que restringió el acceso al empleo. Sin embargo, existen otros parámetros de exclusión como: el color de la piel, el estado civil, el género, la religión, la procedencia territorial, la cultura y la discapacidad, entre otros.

La filosofía del Manifiesto Comunista influyó en la Revolución de 22 de febrero 1848 en Francia, cuando se organizó un banquete y, sin embargo, fue prohibido por el primer ministro Guizot. El pueblo no hizo caso a tal prohibición y marcharon trabajadores y estudiantes hacia la Asamblea Nacional, lo que produjo la abdicación del monarca Luis Felipe. Se pretendió lograr un equilibrio difícil entre los burgueses, los socialistas y los obreros; de esta manera, se instauró el derecho del trabajo, como uno de los más importantes; la reducción de los horarios y de las extenuantes labores manuales, constituyeron el reconocimiento de una naciente legislación laboral.

El 25 de febrero, se dictó un decreto que determinaba que era obligación del Estado dar trabajo a todos sus ciudadanos. A pesar de ello las protestas proletarias son combatidas, existe una regresión social y Napoleón se declara dictador en 1851. La jornada laboral se alargó como consecuencia de que se inventó la luz de gas. Por lo tanto, la producción aumentaba de la misma manera que la competencia de las fábricas. Las condiciones de trabajo eran precarias, en las fábricas el material con el que se trabajaba se impregnaba en el cuerpo, el polvo en los ojos, fosas nasales y boca, lo que no compensaba los bajos salarios.

> *"Años después en 1840–1850, Daniel Legrant envía llamamientos urgentes a los mandatarios de los países industrializados para instarles a adoptar legislaciones internacionales protectoras de niños y con relación al trabajo nocturno de las mujeres para garantizar la competencia internacional de una manera justa. El enfoque de Legrant tenía dos matices principales, uno histórico en el sentido de que esta explotación no podía continuar por más tiempo y un enfoque humanitario en el sentido de que todos somos seres humanos y si gastamos en cuidar las máquinas mecánicas como no vamos a gastar en cuidar nuestras máquinas humanas. En 1890 se crea una oficina internacional del trabajo con un grupo de académicos reunidos en varios*

países de Europa que decidieron recoger información sobre la vida y el trabajo y tratar de adoptar legislación internacional".[144]

A mediados del siglo XIX, reprimido el proletariado, brota la protesta obrera y los trabajadores se agrupan en sindicatos en defensa de sus derechos. En el Cuarto Congreso de Trabajadores Norteamericanos, llevado a cabo en 1884, se estableció que la jornada laboral sería máximo de ocho horas, lo cual causó huelgas. La más significativa fue la ocurrida el 1 de mayo de 1886, en la que hubo muchos muertos y heridos por la represión desarrollada. Ocho de los protestantes fueron condenados a la horca, pero la pena fue cambiada por prisión.

La Primera Internacional de Trabajadores de 1864 se constituyó en Londres, en la que Marx redactó sus estatutos, pero la oposición de Bakunin no aceptó sus postulados. En 1889 organizaron un Congreso denominado Segunda Internacional, su sede fue en París y tuvo como objetivo buscar una legislación laboral que proteja los derechos de los trabajadores respecto a las condiciones en las cuales laboraban y el desempleo. Se estableció el 1 de mayo como Día Internacional del Trabajo a partir de 1890, fecha a partir de la cual los obreros hacían grandes protestas.

---

144 Secretaría de Trabajo y Seguridad Social y otros, "Legislación y trabajo infantil" en *Sistematización del I Taller Parlamentario Regional*, Tegucigalpa, 2004, p. 19. file:///C:/Users/kater/Downloads/2004_lar_cl_sistematizacion_taller-interparlamentario_legislacion_es%20(1).pdf.

CAPÍTULO III

3. *La discapacidad laboral: una cuestión de dignidad humana e igualdad*

3.1. *Derecho laboral, dignidad e igualdad*

"Todos los seres humanos nacen libres e iguales en dignidad y derechos y, dotados como están de razón y conciencia, deben comportarse fraternalmente los unos con los otros".

Declaración Universal de los Derechos Humanos[145]

La relación entre dignidad y derecho al trabajo encuentra su sustento en sus propios conceptos. El Pacto Internacional de Derechos Económicos, Sociales y Culturales en el artículo 7 literal a) establece como derecho, las condiciones dignas para los trabajadores y sus familias, y la Observación General No. 8 del Comité de Derechos Económicos, Sociales y Culturales, dispone:

> *"El derecho al trabajo es esencial para la realización de otros derechos humanos y constituye una parte inseparable e inherente de la dignidad humana. Toda persona tiene derecho a trabajar para poder vivir con dignidad".*

En este escenario, la dignidad de las personas en situación de discapacidad, no está dada como resultado de una condición diferente frente al resto. El grado de discapacidad dependerá de la forma como lo califique y lo trate la comunidad. En tanto que la igualdad es un derecho libertador dentro de la sociedad. La excepción es la desigualdad que *prima facie* se entendería, no debería tener cabida alguna en el conglomerado social.

Como antecedente, tenemos la Constitución de los Estados Unidos Mexicanos de 5 de febrero de 1917, mejor conocida como Constitución de Querétaro, que contiene disposiciones que garantizan los derechos laborales. El artículo 5 dispone: *"Nadie podrá ser obligado a prestar servicios personales sin justa retribución y sin su pleno con-*

145 Declaración Universal de los Derechos Humanos, Art. 1.

sentimiento", y el artículo 123, que *"el contrato de trabajo solo obligará a prestar el servicio convenido por el tiempo que fije la ley"*.

Asimismo, establece la jornada máxima de trabajo diurna en ocho horas y en siete la jornada nocturna, el descanso semanal. Garantiza el trabajo en condiciones salubres y libres de peligro para las mujeres. Prohíbe el trabajo para los menores de doce años. Regula el salario mínimo, el pago de las horas fuera de la jornada ordinaria, la responsabilidad de los patronos por enfermedades profesionales o accidentes de trabajo y protege el derecho a la huelga y la sindicalización.

Pastor Rouaix, en su obra, *Génesis de los artículos 22 y 123 de la Constitución Política de 1917*, expresa:

> *"En los últimos tiempos ha evolucionado notablemente el contrato del trabajo, en relación con el progreso de las instituciones que tienden a borrar las odiosas desigualdades entre las castas de la humana especie, tan marcadamente señaladas en la antigüedad con los regímenes de la esclavitud y de la nobleza. En el contrato de trabajo, considerado hasta hace pocos días como una de las modalidades del contrato de arrendamiento, en el que se entendían por cosa el trabajo humano, era natural que se considerase al trabajador en una verdadera condición de siervo, ya que el trabajo no puede separarse del que lo ejecuta, y sólo en fuerza de la costumbre, siempre difícil de desarraigar en un pueblo flagelado por las tiranías de las clases privilegiadas, se han mantenido hasta hoy comúnmente esas ignominiosas relaciones entre amos y peones o criados, que avergüenzan a los pueblos cultos y ofenden a la dignidad de la sociedad".*[146]

En el sentido expuesto, la Constitución de Querétaro constituyó la consolidación de la justicia social y la consideración de la dignidad humana en los contratos laborales. Fue una Constitución de avanzada para su época por la protección de los derechos humanos y especialmente los derechos de los trabajadores, que hasta ese momento tenían regulaciones bajo el amparo civil del contrato de arrendamiento de servicios.

Como resultado del Estado Social de Derecho, los ciudadanos empiezan a acoger la dignidad como garante de su decoro o de una vida digna. Una clara muestra es la Constitución Alemana de Weimar de 1919, que establece: *"La organización de la vida económica debe*

---

146 Rouaix, Pastor, *Génesis de los artículos 22 y 123 de la Constitución Política de 1917*, México, Biblioteca Constitucional, Instituto Nacional de Estudios Históricos de las Revoluciones de México, 2016, pp. 142– 143.

responder a principios de justicia, con la aspiración de asegurar a todos, una existencia digna del hombre. Dentro de estos límites, se reconoce al individuo la libertad económica". En efecto, en nombre de la dignidad se instituye la necesidad de un sustento mínimo para la vida de los ciudadanos, que el Estado debe promover y garantizar.

> *"Mención especial ha de hacerse al artículo 151 (...) precepto que, según HERMANN HELLER, expresa el principio ético fundamental del socialismo. Por su parte, el profesor VALLE LABRADA advierte que con la declaración recogida en el párrafo trascrito, se sustituye el principio de dejar hacer y dejar pasar, requiriendo la intervención estatal en materia económica, la que ha de ser organizada y dirigida bajo criterios de justicia que exigen un nivel de vida digno para todos los ciudadanos".*[147]

En esta Constitución, se determina la inclusión del derecho del trabajo, en el artículo 9, protegiendo los derechos del obrero, el empleo y la colocación de los trabajadores y empleados. Se revisten de especial importancia los artículos: 157 que consagra el principio de protección al trabajador; 159 la libertad de sindicato; 161 la seguridad social y, 165 el establecimiento de los comités de obreros. Esta Carta Fundamental tuvo gran influencia en la normativa laboral de los países de América Latina.

La Constitución Mexicana de Querétaro junto con la Constitución de Weimar, instituyeron el comienzo del constitucionalismo social, con tintes socialistas –por el dominio de la Revolución Rusa– buscaban el Estado de Bienestar y proteger los derechos de los trabajadores.

Posteriormente, como se ha dicho, se entendió la palabra dignidad como un principio inherente a la naturaleza del hombre que es intangible y permite la concordia tanto social como política. En este contexto, manteniendo su concepción ontológica, la dignidad adquiere un viso político como ideal del Estado Social, en cuestiones de intervención estatal para optimizar la convivencia de los individuos, que como consecuencia de la crisis económica y manejos políticos se hallaban en condiciones sociales de desigualdad.

Alcanzó protagonismo a comienzos de la Primera Guerra Mundial y a lo largo de las luchas surgidas a partir de la Revolución Rusa

---

147 Batista Jiménez, Fernando y Martínez Martínez, Faustino, "La incorporación de la 'dignidad humana' en los textos constitucionales" Coruña, en *Anuario da Facultade de Dereito,* Universidad da Coruña, 2005, p. 1032. https://core.ac.uk/download/pdf/61894448.pdf.

para formar el movimiento obrero reformista con inspiración socialista. Ahora bien, la configuración del Estado Social de Derecho estuvo dada por la incorporación en las constituciones de normas con contenido social. A la par, Irlanda deja de ser colonia británica y se declara Estado independiente, después de 700 años de dominación inglesa, lo que fue aprobado mediante referéndum y entró en vigor el 29 de diciembre de 1937, en el gobierno de Éamon De Valera, con influencia cristiana, como se desprende de la lectura de su preámbulo:

> *"En nombre de la Santísima Trinidad, de quien procede toda autoridad y a quien, como destino último, deben referirse todas las acciones de los hombres y de los Estados" y "En recuerdo agradecido de su heroica e incesante lucha por recobrar la legítima independencia de nuestra Nación, y buscando promover el bien común, con la debida observancia de la Prudencia, la Justicia y la Caridad, a fin de garantizar la dignidad y la libertad del individuo, atender el verdadero orden social, restaurar la unidad de nuestro país y establecer la concordia con otras naciones".*

Es una Carta Suprema que para su tiempo parece progresista y liberal, por garantizar el ordenamiento jurídico y la libertad. Contiene disposiciones relacionadas con los derechos y las garantías fundamentales, además de la consideración a la dignidad humana. Con orientación iusnaturalista, concibió la dignidad humana como parte del orden social. A pesar de que su origen fue más político que religioso, se insiste, su lectura es cercana al pensamiento cristiano.

Luego, se observa la Ley Fundamental de la República Federal de Alemania, firmada en Bonn en 1949, que en su artículo 1, prescribe:

> *"[Protección de la dignidad humana, vinculación de los poderes públicos a los derechos fundamentales] (1) La dignidad humana es intangible. Respetarla y protegerla es obligación de todo poder público. (2) El pueblo alemán, por ello, reconoce los derechos humanos inviolables e inalienables como fundamento de toda comunidad humana, de la paz y de la justicia en el mundo. (3) Los siguientes derechos fundamentales vinculan a los poderes legislativo, ejecutivo y judicial como derecho directamente aplicable".*

Entonces, el constitucionalismo de la segunda post–guerra ha considerado la dignidad de la persona humana como una proposición de la democracia del Estado. De tal manera que, la dignidad ha sido aludida en cartas constitucionales y en tratados internacionales, aunque es anterior a los derechos humanos. Pero su asimilación, importancia y sitio privilegiado –como se conoce– se ha dado principalmente a partir de la adopción de la dignidad en la Declaración Universal de los Derechos Humanos el 10 de diciembre de 1948 en París, instrumento cuyo preámbulo y artículo 1, vinculan la dignidad con la libertad e igualdad. A pesar que ya había sido mencionada en el Declaración Americana de los Derechos y Deberes del Hombre, adoptada en Bogotá el 30 de abril de 1948.

El Pacto de Derechos Civiles y Políticos de 16 de diciembre de 1966 en su preámbulo determina que los derechos derivan de la dignidad inherente a la persona humana, y lo replica en su artículo 10. Lo propio sucede con el Pacto de Derechos Económicos, Sociales y Culturales de la misma fecha. Igualmente en la Declaración y Programa de Acción de Viena de 25 de junio de 1993, se hace referencia a que *"Todos los derechos humanos tienen su origen en la dignidad y el valor de la persona"*.

Siguiendo esta línea, el filósofo francés Jacques Maritain –al igual que Pío XII ayudaron a irradiar la noción de dignidad como contestación a la desventura dejada por la Segunda Guerra Mundial. Con sus ideas iusnaturalistas, articularon la naturaleza humana con el concepto de dignidad, adaptándola a los derechos humanos, que fue aceptado a nivel mundial.

> *"...debe reconocerse que Maritain no fue el único en crear un ambiente favorable hacia esos términos. Pío XII, por ejemplo, también contribuyó a divulgar la idea de dignidad como respuesta a la tragedia que supuso la Guerra Mundial y sus raíces intelectuales. No obstante, este filósofo francés articuló por primera vez desde el catolicismo una explicación que conectaba la idea de naturaleza humana, existencia y dignidad. Anteriormente, nadie había traducido esos conceptos tomistas al lenguaje de los derechos humanos, ni recuperaba los elementos positivos de la filosofía moderno–ilustrada en el que habían nacido los derechos naturales del individuo. Si la preocupación por los derechos humanos irrumpió en las Naciones Unidas, se debe en gran medida a la creatividad de Maritain..."*.[148]

El término dignidad introducido en la Declaración Universal de Derechos Humanos, se potenció con efecto multiplicador y universal,

---

148 Pallares, Pedro, "*Una introducción a la relación entre Jacques Maritain y algunos redactores nucleares de la Declaración Universal de los Derechos Humanos*" en Revista de filosofía open insight, vol. 9 No. 15 Querétaro ene. /jun. 2018, Guadalajara, México, 2018, https://doi.org/10.23924/oi.v9n15a2018.pp173–203.249.

y fue tomado en cuenta en Constituciones y demás instrumentos internacionales. A partir de aquello, el término dignidad también está asociado al deber, a lo que se le debe a una persona, en relación con su cuerpo e integridad. Por ejemplo, la prohibición de la tortura y los tratos degradantes; a la integridad moral; y al amparo que tiene una persona en razón de la dignidad ontológica.

La dignidad está vinculada entonces a la recepción de los derechos humanos, y se la estima como su fundamento. Sin embargo, si no se liga la dignidad con los derechos humanos, no obsta considerarla para su reconocimiento. Por otra parte, los seres humanos son diferentes, algunos en razón de su condición física e intelectual, como las personas con discapacidad, quienes deben tener un tratamiento distinto racional para evitar desigualdades.

La vacilación de que no todos los seres humanos tendrían dignidad, ha sido expuesta por Ronald Dworkin en su obra *"El dominio de la vida"*, y señala en términos más que polémicos que:

> *"...de acuerdo con la explicación de la dignidad en términos de experiencias, parece dudoso que el demente tenga algún derecho general a la dignidad, y la preocupación por su autorrespeto se asemeja a un sentimentalismo superfluo..."*.[149]

El autor concluye que la explicación de la indignidad, sustentada en experiencias, no es irrebatible, porque no revela los fundamentos de lo que se considera como dignidad inherente al ser humano.[150] La diferencia también puede darse desde una perspectiva moral, si una persona comete un delito, no pierde la dignidad, pero deberá someterse al ordenamiento jurídico que castiga dicha conducta, y recibirá la sanción que por su acción, es merecedor. En este contexto, se aprecia la dignidad desde un enfoque ético no ontológico.

Al respecto, Hegel, refiere:

> *"El individuo se da realidad solo en cuanto entra en la existencia en general; por lo tanto, en la particularidad determinada y se limita exclusivamente a una de las esferas particulares de la necesidad. Los sentimientos éticos en este sistema, son por lo tanto la honradez y la dignidad de clase: esto es, en hacerse (el individuo), por propia determinación y gracias a la propia actividad, diligencia y destreza, miembro de uno de los momentos de la Sociedad Civil, y mantenerse*

---

149 Dworkin, Ronald, *El dominio de la vida: una discusión acerca del aborto, la eutanasia y la libertad individual,* Barcelona, Ariel, 1994, p. 307.

150 *Ob. cit.* p. 307.

> *como tal y cuidar de sí solo en esta mediación con la universalidad; así como ser reconocido por este medio en la propia concepción y en la concepción de los demás".*[151]

Entonces *"la dignidad de clase"* como lo trata este filósofo, desde un contexto ético, relaciona al hombre en un momento global y atemporal, con su cometido para consigo mismo, y sus hechos le otorgarán un lugar en la sociedad. En la actualidad, el concepto de dignidad se resume en la frase de Antonio Machado en su libro Juan de Mairena: *"Recordad el proverbio de Castilla:* «Nadie *es más que nadie*». *Esto quiere decir cuánto es difícil aventajarse a todos, porque, por mucho que un hombre valga, nunca tendrá valor más alto que el de ser hombre".*[152]

Todos los méritos, la posición social, las jerarquías, nada tiene más valor que el hombre en sí mismo. La dignidad implica que cada individuo es ciudadano del mundo, tiene derechos en cualquier país, aunque no sea nacional de aquel. Entonces el extranjero sería un semejante. La dignidad es indudablemente un principio fundamental de los derechos humanos. La dignidad modernamente ya no solo es tratada como derivación de la naturaleza del hombre, sino como consecuencia de la libertad e igualdad. La persona no puede separar la dignidad de sí misma como tampoco puede rechazar la protección de los derechos humanos que de por sí le son propios, por tal razón deben ser reconocidos por el Estado.

La dignidad está vinculada con el respeto que tienen los seres humanos de ser honrados como personas individuales y sociales con atributos particulares, concomitante a lo cual están los derechos humanos sin distinción de raza, sexo, nacionalidad, religión, etnia o cualquier otra particularidad. Todos los seres humanos son y valen lo mismo. Es lógico que el ser humano exija que se respeten sus derechos, pero es importante el cumplimiento de los deberes, porque al ejercicio de un derecho corresponde el cumplimiento de un deber. Siempre existe una relación entre el derecho y el deber.

> *"El cumplimiento del deber de cada uno es exigencia del derecho de todos. Derechos y deberes se integran correlativamente en toda acti-*

---

151 Hegel, Guillermo, *Filosofía del Derecho*, Prólogo de Carlos Marx, Buenos Aires, V. 5, Editorial Claridad, 1968, p. 185.

152 Machado, Antonio, *Juan de Mairena*, Elejandría, https://www.elejandria.com/libro/juan-de-mairena/machado-antonio/1165.

> *vidad social y política del hombre. Si los derechos exaltan la libertad individual, los deberes expresan la dignidad de esa libertad".*[153]

A cada derecho corresponde un deber. Así como se pide que se respete el trabajo, el individuo debe cuidarlo. Es necesario el cumplimiento de las leyes en razón del bien que a través del cumplimiento se hace al prójimo. Entonces es de verse reflejado en el otro. Como lo sostenía Kant, lo que se quiere para uno, se quiere para el otro.

La incorporación de la dignidad humana en el ámbito jurídico y en textos constitucionales ha sido contemplada a nivel mundial, y al ser la dignidad fundamento de los derechos humanos, hubo un proceso de internacionalización, como elemento esencial de la existencia pacífica de la comunidad internacional y de la cooperación mutua entre países. Alcanzando los derechos humanos una dimensión moral y la dignidad una expresión jurídica.

Así, los derechos humanos han sido un medio para defender el fin que es la dignidad del hombre, de ahí su carácter ético. Por ello, la necesidad que las normas jurídicas sean justas y morales en consonancia con el respeto y protección de los derechos humanos. Negar la vinculación del Derecho con la moral es una aserción ilógica. Recuérdese que el Derecho es una práctica social dirigida a ciertos fines y valores, y la dignidad humana envuelve a todos. En tal virtud, siempre existe una articulación entre dignidad, igualdad y libertad.

Insistiendo en el derecho del trabajo, *"La existencia libre y digna del trabajador y de su familia describe la condición humana y la liga a la creación de una situación de libertad y dignidad".*[154] El trabajador tiene derecho a una retribución por su labor, lo que le asegura llevar una vida digna para él y su familia, de ser el caso.

Todas las conductas externas que no le permitan al hombre cumplir con su objetivo –trabajo digno, vida digna–, pueden ser consideradas indignas, como en el hecho de no procurar el trabajo para una persona con discapacidad. Es necesario por aquello que el trabajador sea tratado como persona y no como cosa necesaria para el proceso de producción. No entender el trabajo como una mera mercancía, entonces para evitarlo, se debe apreciar a la dignidad desde una dimensión individual pero también social, basada en la solidaridad.

---

153 Declaración Americana de los Derechos del Hombre. Preámbulo.

154 Rodotá, Stefano, *El derecho a tener derechos,* Madrid, Editorial Trotta, 2014, p. 177.

Sea cual sea la condición en la que se halle una persona tiene derecho a acceder a un trabajo y permanecer en él, con el fin de alcanzar un patrimonio. En efecto el trabajo no puede ser reducido a una categoría de mercado. El trabajador no puede ser instrumento u objeto de enriquecimiento ajeno, sino más bien ser parte de un comercio equitativo y solidario. Debe existir una compatibilidad entre la actividad empresarial con la dignidad del trabajador.

Llegado a este punto, se puede concluir que la complexión de la dignidad se hace posible cuando existen acciones para eliminar el abuso o la degradación y recobrar la solidaridad, que permita satisfacer las más esenciales necesidades humanas. La dignidad no es un principio estático sino es el generador del reconocimiento de los derechos a las personas y de las instituciones políticas y sociales con sus ciudadanos.

Por cierto, todos estos datos históricos tienen que ver con la evolución misma del derecho del trabajo y, además con uno de los objetivos de la presente obra el estudio de la evolución de los conceptos de dignidad e igualdad. La esencia de la dignidad nos permite entender que la discapacidad laboral debe ser respetada por todos, sin necesidad de recurrir a la coacción contenida en una norma jurídica, sino en el entendimiento de la dignidad humana como parte de la cultura jurídica.

En consecuencia, no se puede negar el carácter antrópico del trabajo, porque está ligada a la dignidad, que debe medirse con la concreción de los fines de la persona, como parte de la sociedad. Las cláusulas contractuales mínimas –por lo general reguladas por el Estado– deben cumplir con tal fin. *"La dignidad no es indeterminada pues encuentra en la persona el lugar de su determinación, pero no para construir una esencia, sino para poner en cada uno en la condición de determinar libremente su proyecto de vida".*[155]

En efecto, para Milagros Otero el concepto de dignidad puede ser utilizado por el Derecho de manera negativa, cuando opera como un límite para que el poder del Estado no exceda su control y accionar social; y positivamente *"...vinculada a la libertad y racionalidad permanentes y definitorias de los seres humanos. Sin olvidar, claro está la igualdad"*[156].

---

155 *Ob. cit.* p. 182.

156 Otero, Milagros, *Dignidad y solidaridad: dos derechos fundamentales,* México, Editorial Porrúa, 2006, p. 64.

3.1.1. Derecho laboral y dignidad

Los textos normativos nacionales e internacionales se refieren a la dignidad de la persona humana. Todos los seres humanos tienen determinados derechos innatos porque son partícipes de una naturaleza común. En la naturaleza humana radica precisamente la dignidad humana, que ha tenido una serie de cuestionamientos como se verá a continuación.

La dignidad en esta investigación ha sido considerada desde el punto de vista ontológico, como inherente al ser humano, en una posición axiomática.[157] Eventualmente como ha quedado señalado, el término digno se ha utilizado como calificativo de un derecho, por ejemplo, trabajo digno.

Se ha manifestado también que la dignidad de la persona es uno de los fundamentos de la doctrina social de la Iglesia, porque siempre se ha dado prioridad al ser humano, como hijo de Dios, poseedor de derechos y cumplidor de obligaciones. En este plano, el hombre se destaca como un miembro fundamental de la creación terrenal. Sin embargo, es necesario seguir cuestionando si se puede afirmar que todas las personas tienen dignidad, a pesar de sus acciones negativas.

> *"En Sierra Leona, los guerrilleros cortan la mano derecha de los habitantes de una aldea antes de retirarse. Una niña, que está muy contenta porque ha aprendido a escribir, pide que le corten la izquierda para poder seguir haciéndolo. En respuesta, un guerrillero le amputa las dos. En Bosnia, unos soldados detienen a una muchacha con su hijo. La llevan al centro de un salón. Le ordenan que se desnude. «Puso al bebé en el suelo, a su lado. Cuatro chetniks la violaron. Ella miraba en silencio a su hijo, que lloraba. Cuando terminó la violación, la joven preguntó si podía amamantar al bebé. Entonces, un chetnik decapitó al niño con un cuchillo y dio la cabeza ensangrentada a la madre. La pobre mujer gritó. La sacaron del edificio y no se la volvió a ver más» (The New York Times, 13-12-1992). Los periódicos están llenos de horrores. La historia también. Hitler, Stalin, Pol Pot y muchos otros deberían formar parte de un retablo maldito que no olvidáramos nunca".*[158]

En efecto, nos cuestionamos ¿los chetniks, Hitler, Stalin, y otros, tienen dignidad, a pesar de sus actos? La respuesta es positiva. Como

---

157 Tomás de Aquino, Santo, *Suma Teológica,* Libro I, cuestión 42, a.4. *"...puesto que la dignidad es algo absoluto".*

158 Marina, José Antonio, De la Válgoma, María, *La lucha por la dignidad: teoría de la felicidad política,* Barcelona, Editorial Anagrama, 2005, p. 7.

ya se anticipó en el capítulo anterior, nadie puede privarse a sí mismo de la dignidad. La dignidad es una característica propia de cada ser humano y común para todos. No obstante, la violación a la dignidad humana, en las historias plasmadas no puede ser más evidente.

Entonces, sostener que estas acciones son inaceptables, es un primer paso para defender la dignidad humana, porque cuando se habla de dignidad del ser humano no se opina sobre humanidad, sino del individuo como tal, portador de esa dignidad y a quien se exige sea tratado con respeto. De ahí que, la diferencia del hombre con los otros seres vivos o artificiales consiste en su racionalidad.

Nótese que, existen autores que conciben la dignidad de manera diferente. Por ejemplo, según Peter Singer es el momento de una revolución, que haga frente a la tradición cristiana y para ello reescribe cinco *"mandamientos"*,[159] que más bien son postulados. Su posición defiende: *"la vida sin conciencia plena, no vale la pena en absoluto"*.[160]

Para este autor toda vida humana no tiene el mismo valor, depende del grado de conciencia del individuo. Pone como ejemplo el caso Tony Bland, quien quedó sin conciencia y en estado vegetativo, luego de haber sido víctima de la avalancha humana en el estadio de Hillsborough (1989). Sus padres demandaron una *"muerte digna"* para el joven. Después de cuatro años de permanecer en un coma profundo, la petición fue concedida por el Tribunal Supremo Británico, que ordenó se le deje de suministrar alimento y medicina por sonda hasta morir.

La postura de Singer compara la dignidad con el estado de conciencia que pueda tener un ser humano llevando, por consiguiente, a última instancia esta teoría. Se podría considerar, en cierta forma, que no tener una conciencia absoluta, transforma al individuo en un

---

159 Singer, Peter, *Repensar en la vida y en la muerte,* Barcelona, Buenos Aires, México, Editorial Paidós, 1997, pp. 188 – 203. *"Primer antiguo mandamiento: considerar que toda vida humana tiene el mismo valor. Primer nuevo mandamiento: reconocer que el valor de la vida humana varía. Segundo antiguo mandamiento: nunca poner fin intencionadamente a una vida humana inocente. Segundo nuevo mandamiento: responsabilízate de las consecuencias de tus decisiones. Tercer antiguo mandamiento: nunca quites la vida e intenta evitar que otros se quiten la suya. Tercer nuevo mandamiento: respeta el deseo de vivir o morir de una persona. Cuarto antiguo mandamiento: creced y multiplicaos. Cuarto nuevo mandamiento: traer niños al mundo solo si son deseados. Quinto antiguo mandamiento: considera cualquier vida humana siempre más valiosa que cualquier vida no humana. Quinto nuevo mandamiento: no discriminar por razón de la especie".*

160 *Ob. cit.* p. 188.

ser sin dignidad, cuando los seres humanos poseen el mismo nivel de dignidad, más allá de las condiciones físicas o intelectuales.

Las tesis de Singer, además, no pueden ser seguidas porque si se sostiene que la dignidad tiene que ver con las deficiencias particulares, sería aceptar que hay personas con discapacidad sin dignidad, precisamente porque su grado de conciencia está viciado debido a su condición. En efecto una cuestión para Singer sería: ¿estas personas no tienen dignidad? la respuesta, definitivamente, es negativa, porque se insiste, toda persona posee dignidad por su sola condición de ser humano.

Pensar como Singer también significa asumir una postura egoísta y nihilista que es incompatible con las enseñanzas de la doctrina social de la Iglesia. El mismo Jesucristo en los evangelios pasó gran parte de su vida en compañía de personas con discapacidad comprendiéndolas, protegiéndolas, amándolas y haciéndolas sentir igual a las demás.[161]

En consecuencia, las doctrinas de Singer son erróneas. Su posición nos llevaría a legitimar las conductas de los nazis o de antaño que, ante ciertas deformidades o situaciones siquiátricas, mataban directamente a las personas con discapacidad, y eso en el actual estado del desarrollo de las ideas políticas y sociales, es totalmente inaceptable.

Por otra parte, Jeremy Waldron, en su obra *Democratizar la dignidad: estudios sobre la dignidad humana y derecho*, trata a ella desde la *"democratización del elevado estatus social"*.[162] Por lo tanto, la dignidad se encuentra en el primer nivel social, que anteriormente estaba reservado solo para personas de alta alcurnia. De ahí que, para sustentar su teoría, lo ideal sería equiparar la dignidad de los seres humanos al estatus más alto, que es la nobleza y así lograr la democratización de la dignidad.

Waldron señala:

---

161 Mateo 9: 1–8. *"1. Entonces, entrando Jesús en la barca pasó al otro lado y vino a su ciudad.– 2. Y sucedió que le trajeron un paralítico, tendido sobre una cama; y al ver Jesús la fe de ellos, dijo al paralítico: Ten ánimo, hijo; tus pecados te son perdonados.– 3. Entonces algunos de los escribas decían dentro de sí: Este blasfema.– 4. Y conociendo Jesús los pensamientos de ellos, dijo: ¿Por qué pensáis mal en vuestros corazones?– Porque, ¿qué es más fácil, decir: Los pecados te son perdonados, o decir: Levántate y anda?– 6. Pues para que sepáis que el Hijo del Hombre tiene potestad en la tierra para perdonar pecados (dice entonces al paralítico); Levántate, toma tu cama, y vete a tu casa.– 7. Entonces él se levantó y se fue a su casa".*

162 Waldron Jeremy, *Democratizar la dignidad: estudios sobre la dignidad humana y derecho,* Bogotá, Universidad Externado de Colombia, 2019, p. 16.

> *"Esta es mi hipótesis:*
>
> *la noción moderna de dignidad humana supone una igualación ascendente de rango, que nos permite ahora intentar otorgarle a cada ser humano algo parecido a la dignidad, rango, y expectativa de respeto que alguna vez se le reconoció a la nobleza".*

La universalización de la dignidad en los seres humanos para este autor se sustenta en el valor de dicho concepto como fundamento de los derechos humanos. No obstante, la postura de Waldron no es original, porque es indiscutible que todo aquel que posee dignidad es portador de derechos y también tiene obligaciones.

Además, no se puede calificar a la persona por un estatus –nobleza– para señalar que tiene dignidad. Porque todos los seres humanos son creados a la imagen de Dios y portadores de igual dignidad, y alcanzan perfección por la extensión de la divinidad del Creador.

Asimismo, Waldron indica que hay dos fuentes de dignidad, la una que es inherente al ser humano y la otra en razón del cargo, por ejemplo, la dignidad de un embajador, y en relación con esta segunda habla de un estatus social, en que se reconoce la dignidad del noble, pero no así la del esclavo. La dignidad comprende el conjunto de los derechos humanos y obligaciones a las que todos se deben, pero no hay que olvidar que su postura parte del estatus en la sociedad y no del hombre. Es interesante, la referencia que hace Waldron, al caso del *"lanzamiento de enanos en Francia"*, que nos permitirá asociar la autonomía y la dignidad para entenderla en el contexto laboral.

El 25 de octubre de 1991, la policía francesa ordenó la suspensión del lanzamiento de enanos con sustento en el orden público que a su juicio radicaba en la prevención de riñas y la protección de la dignidad humana. El acontecimiento consistía en que una persona de baja estatura ante la celebración de las personas asistentes al espectáculo era lanzada, lo más lejos posible, por otro sujeto sobre un colchón.

Esta decisión administrativa de suspensión fue apelada por los organizadores de dichos eventos, ante el Tribunal Administrativo de Versalles, que revocó la resolución y dispuso el pago de una indemnización para los recurrentes. El Municipio y la policía apelaron ante el Consejo de Estado que aceptó el recurso y confirmó la disposición policial, *"...aduciendo que, por un lado, el 'lanzamiento de enanos' es una atracción que representa un atentado contra la dignidad de la persona humana, cuyo respeto es uno de los elementos del orden público*".[163]

Para este autor la dignidad humana no es lo mismo que autonomía, y la protección de la dignidad humana no es igual a la protección de la autonomía, porque las personas involucradas –el que arroja y el arrojado– participaron en esta actividad por su voluntad, sin coacción. Para él todos estaban cómodos en esta situación, los hombres que lanzaban, los espectadores, el dueño del establecimiento y *"el enano Manuel Wackenheim"*,[164] que ganaba muy buen salario, aunque fuera humillado. Consecuentemente a su entender no hay violación a la autonomía de las personas capaces (adultas), porque todos concurrían voluntariamente.

Este caso nos permite reflexionar sobre la responsabilidad de proteger la dignidad más allá de la autonomía, pues no se debe solo resguardar la dignidad propia, sino impedir que otras personas –en el caso en particular con discapacidad– degraden su propia dignidad, porque ella es objetiva y no se puede renunciar a su respeto y protección. La dignidad vendría a ser un aspecto indispensable para el orden público.

En este punto se discrepa con Waldron, y ya se había anticipado al analizar el principio de autonomía defendido por Kant, que para él es el fundamento de la dignidad y de toda naturaleza racional, por cuanto la conciencia de cada persona lleva una ley moral dentro de sí misma.

De ahí la importancia de que dignidad y autonomía vayan de la mano, porque quien actúa de manera heterónoma, podría incurrir en comportamientos indignos. Por ejemplo, quien hiere la dignidad de otro ser humano, incumple la obligación moral de cuidar su dignidad y lo trata como medio no como fin, lo humilla.

En efecto, y a propósito del tema de investigación, la desigualdad de las personas con discapacidad, atenta contra la dignidad de todos. No se puede obligar a una persona a realizar actividades que lo deshonran y tampoco se puede permitir que la persona haga labores que lo afrenten a pesar de su propia voluntad, solo por el hecho de obtener un salario o de no perder su trabajo.

---

163 Caso Manuel Wackengeim vs. Francia, http://hrlibrary.umn.edu/hrcommittee/spanish/854–1999.html.

164 Ciudadano francés, enano, que, desde julio de 1991, actuaba en el espectáculo *"lanzamiento de enanos"*.

Quien tiene dignidad es capaz de exigir derechos porque es titular de aquellos. La dignidad, como se ha referido, es absoluta, está en todos los derechos y especialmente se vincula con la libertad y la igualdad. Sin embargo, es necesario aclarar que la dignidad no tiene límite alguno, como lo pueden tener la libertad y la igualdad. En época de pandemia la libertad de movimiento fue restringida para ponderar el derecho a la salud. Se puede tratar diferente a una persona que a otra si existe una justificación razonable.

La dignidad es única en todo momento y espacio, trasciende más allá de la muerte. Por ello, se insiste, la dignidad, por la naturaleza misma de ser humano, no se pierde nunca. En este contexto, como se ha dicho, si un hombre es *"inmoral"* o cometiere un delito, conserva su dignidad independientemente de su conducta.

> *"Pero en todo momento, cualquiera sea su edad o su normalidad —y cualquiera sea su grado de dignidad o de indignidad moral— ostenta aquella interior dignidad que le viene, no de ser un hombre de dignidad, sino de tener la dignidad de un hombre. Semejante dignidad anterior independiente de la dignidad moral, que ni se conquista ni se pierde, es una dignidad, a diferencia de aquélla, ontológica tanto como axiológica"* [165]

La dignidad es un concepto que se puede utilizar tanto en el ámbito moral como en el jurídico. Si se quiere crear una norma jurídica entonces aparece primero la concepción moral de dignidad. Porque, aunque la dignidad ha sido apreciada desde tiempos remotos, es solo en la edad moderna en la que ha sido tratada como fundamento de los derechos humanos y como exigencia moral. La persona, entonces, se reconoce como parte de la naturaleza humana y además corresponde al otro como integrante de ella misma.

Ana Marta González en su artículo: "*La dignidad de la persona, presupuesto de la investigación científica y concepciones de la dignidad*", refiere que desde el punto de vista metafísico existen dos tipos de dignidad: la dignidad ontológica y la dignidad moral, que otros denominan dignidad ética.[166] Esta división se encuentra dada, en virtud de que el punto de inicio no es solo la experiencia moral sino la

---

165 Ardao, Arturo, "El hombre en cuanto al objeto axiológico", en *Hombre y Conducta, Ensayos Filosóficos en honor de Risieri Frodizi*, Buenos Aires, Editorial Universitaria, 1980, pp. 73–74.

166 González, Ana Marta: "*La dignidad de la persona, prepuesto de la investigación científica y concepciones de la dignidad*", https://core.ac.uk/download/pdf/83568887.pdf.

naturaleza humana. Mientras que Kant tiene un concepto puro de moral, esto es, sin contaminación de la naturaleza. Para Aristóteles, la moral es un diálogo entre la naturaleza y la razón.

Las personas, a pesar de ser titulares de la dignidad, pueden ser objeto de limitación en sus derechos –por ejemplo –privadas de la libertad– pero se insiste, nunca se pierde la dignidad de manera total o absoluta, porque ella no descansa en el comportamiento sino en el ser. Por eso sea cual sea la conducta, el individuo continúa siendo digno, tiene derechos y no se le puede tratar de manera inhumana, verbigracia, no se puede torturar a una persona que sabe dónde está una bomba que va a estallar, aun a pretexto de salvar vidas humanas, porque estas acciones van en contra de la dignidad.

La dignidad es del ser, porque *"...lo que existe por sí mismo y es sustancia es anterior por naturaleza a la relación (que parece una ramificación y accidente del ente), de modo que no podrá haber una idea común a ambas".*[167] Al hombre no se le puede privar de la dignidad porque se lo estaría desnaturalizando. Se hace hincapié, la persona tiene dignidad independientemente de sus características, de sus creencias, de sus cualidades morales, de su inteligencia, etc. Nadie puede negar la existencia de una naturaleza humana común a todos los hombres, rechazar la base que hace posible el reconocimiento de la universalidad de los derechos humanos, sería inapropiado.

En cuanto a la dignidad moral, está dada por las decisiones que cada persona libremente toma a lo largo de su vida. Las personas tienen mucho en común como la necesidad de comer, expresiones de afecto, comportamiento, estas semejanzas nos hacen más solidarios, y es lo que nos impulsa a ponernos en el lugar del otro para tener proyectos comunes. Refutar la naturaleza colectiva es despojar a las personas de los vínculos de solidaridad que les une.

Esta última reflexión nos permite entender que más allá del uso ontológico de la palabra dignidad que se asocia al ser, está la dignidad moral que se deriva del hacer. Entonces una persona puede actuar o no de acuerdo con su dignidad, es decir, el individuo puede en razón de su libertad no estar al nivel de la dignidad ontológica, conduciéndose de forma indigna. A manera de hipótesis a un esclavo, se le podía privar de su libertad, pero jamás se le podía negar su condición de ser humano.

---

167 Aristóteles, Ética *a Nicómaco*, Traducción y Notas Julio Pallí Bonet, Madrid, Editorial Gredos, 1985, Libro1, 1096ª, 20, p. 135.

Ciertamente, hay situaciones que son indignas, sin embargo, la ética siempre tendrá que ver con la afirmación de la dignidad, y puede ser considerada equivalente a la conservación de la vida física, por ello nunca sería ético privar a alguien de lo que le resulta necesario para vivir, como es la remuneración en una relación laboral que le permite al individuo satisfacer sus necesidades.

El trabajo permite al ser humano tener un desarrollo de su personalidad, por ello la dignidad ontológica no debe ser confundida con tener una buena calidad de vida. Es decir, quien posee bienes y sabe administrarlos, frente a otro que está en situación contraria, no determina que la vida del segundo sea indigna. Una vida deja de ser digna si se desarrolla en condiciones físicas y psíquicas precarias, y lo que la ética y el derecho laboral buscan es mejorar las circunstancias de vida de los seres humanos.

En este punto, vale referirse a la parábola de los talentos. El dueño de la hacienda, cuando se ausentó de su propiedad, entrega talentos a sus siervos, a uno le da cinco, a otro dos y al último, uno. El primero invirtió sus cinco talentos y ganó otros cinco, igualmente el que recibió dos, los dobló, mientras que el tercero, cavó un hoyo y lo enterró. Volvió su Señor e hizo cuentas con sus siervos.

Al primero le dijo: buen siervo, bueno y fiel, has sido fiel en lo poco, sobre mucho te pondré. Lo mismo sucedió con el segundo siervo. Al tercero su Señor le dijo: hombre duro, pretendes cosechar donde no sembraste y recoger donde no esparciste. Él contestó: *tuve miedo de perder el talento que me entregaste*. Dijo el Señor: *siervo malo*. Le quitó su único talento y se lo dio al que tenía diez.[168]

En efecto, la dignidad ontológica, como se ha expuesto, es concedida por Dios a los hombres, por el solo hecho de ser humano y por su naturaleza. De la misma manera, el Señor entrega a sus siervos los talentos para que, en virtud de la confianza, administren lo entregado. En efecto, la dignidad moral depende del comportamiento de la persona en razón de su libertad, y es quien marca las condiciones durante su existencia.

Los talentos fueron otorgados para que sean bien administrados, pero la decisión de cada uno de los siervos hizo que su producción dependiera de su comportamiento. Por eso quien gestionó eficientemente logró quedarse con sus talentos y además obtener réditos.

---

168 Mateo 25: 14–30, https://www.biblegateway.com/passage/?search=Mateo%2025%3A14–30&version=RVR1960.

Esta parábola representa que el comportamiento del hombre tiene repercusión, si este es bueno, será apreciado y aún aumentará por sus frutos, pero si es malo traerá consecuencias contra sí mismo. Por eso lo ideal sería que la dignidad moral (comportamiento) esté en correspondencia de la dignidad ontológica (naturaleza).

En las relaciones de trabajo, el núcleo es la dignidad de la persona y por lo tanto la clase de trabajo o de tarea emprendida, tiene sustento en el hombre. En efecto, el trabajador es quien tiene dignidad, él hace digno al trabajo y merece ser respetado por los demás, tanto más si posee características particulares, como tener una situación de discapacidad.

La dignidad laboral se hace visible por la deferencia que se tiene para con el otro, cuidándolo como a sí mismo, el trabajador poniéndose en lugar del empleador y viceversa, por lo que este último debe procurar pagar un salario justo, para que el primero pueda tener buena calidad de vida. Sin embargo, es de anotar que un trabajo bien remunerado, no siempre será un trabajo digno, dependerá de otras condiciones. Porque la dignidad implica, además, que todos deben tener oportunidades de acceso y permanencia laborales en igualdad de condiciones, sin discriminación alguna.

En este escenario, se confiere al trabajo la calidad de derecho fundamental, con una dimensión de dignidad, y se cimienta en el concepto de que el ser humano es un fin en sí mismo, puesto que tiene propósitos propios que cumplir. En consecuencia el trabajo es la dignidad humana plasmada en acto, que permite al hombre alcanzar el desarrollo de sus potencialidades, capacidades y destrezas para solventar sus necesidades personales y familiares vitales.

Al darle al trabajo la categoría de digno, le envuelven de una serie de garantías que lo sostienen; entre ellas: una remuneración justa y la protección del trabajo de personas en situación de discapacidad. Por lo tanto, discapacidad y dignidad son dos caras de una misma realidad, ya que la primera solo adquiere significación en la medida en que la segunda se efectivice plenamente.

3.1.2. Derecho laboral e igualdad

Parece que la igualdad fuera del plano político es una utopía. Los seres humanos somos diferentes: hombres mujeres, fuertes débiles, sanos– enfermos, blancos negros. Por ello, las sociedades en general han sido clasistas y, el estatus, el sustento de los derechos. No obstante, las declaraciones e instrumentos internacionales de derechos humanos contienen disposiciones respecto a la igualdad y los Estados han adaptado su ordenamiento jurídico interno para que se haga efectiva.[169]

La igualdad, como se ha mencionado en líneas precedentes, tuvo su principal defensa y difusión en la Revolución Francesa cuando se afirmaba que todos los hombres eran iguales, sin precisar la referencia o los extremos de esa pretendida igualdad. Sin embargo, lo único que permite lograr una igualdad en abstracto es la ley jurídica como marco de referencia. No puede estar basada en la decisión arbitraria de un tirano o en el voluntarismo de la mayoría de los políticos eventuales.

Sobre este tema, el doctor Jorge Portela en su artículo *Una contribución al análisis iusfilosófico del término "igualdad"* afirma:

> *"A nuestro juicio, ha sido C.S. Lewis quien mejor describiera el nuevo estado de cosas, en uno de sus escritos más lúcidos, Cartas de un diablo a su sobrino.- En dicha obra, nuestro autor sitúa como un pensamiento verdaderamente demoníaco la idea de que la palabra democracia sea empleada puramente como un conjuro. La cuestión es que ha de efectuarse una transición lo más sigilosa posible desde ese ideal político a la creencia efectiva de que todos los hombres son iguales.- Pero esa 'creencia', a juicio de Lewis, no puede ser aceptada por el sentido común. Ningún hombre que dice Soy tan bueno como tú lo cree. No lo diría si lo creyese. El San Bernardo nunca se lo dice al perro de juguete, ni el intelectual al zopenco, ni el empleado al vagabundo, ni la mujer bonita a la vulgar. La declaración de igualdad, fuera del terreno estrictamente político, la hacen sólo aquellos que se sienten, en algún sentido, inferiores. Lo que pone de manifiesto es precisamente la consciencia picante, escociente, dolorosa, de una inferioridad que el paciente se niega a aceptar (Lewis, 1983). En fin, la utilización del término 'democracia' tan sólo como un mero conjuro es el suelo fértil para el crecimiento de la envidia igualitaria".*[170]

Al respecto, Gonzalo Fernández de la Mora, al referirse a la envidia igualitaria señala que nace de la superioridad natural del otro, que le genera felicidad y que el envidioso quiere que desaparezca.

---

169 Constitución de la República del Ecuador. *"Art. 11- El ejercicio de los derechos se regirá por los siguientes principios: (...) 2. Todas las personas son iguales y gozarán de los mismos derechos, deberes y oportunidades".*

170 Portela, Jorge, "Una contribución al análisis iusfilosófico del término 'igualdad'", en *Ciudadanía Plural de Diversidad* de Carolina Valencia Ferraz, Glauder Salomáo Leite, Paulla Chistianne Da Costa Newton, Coordinadores, Sao Paulo, Editora Verbatim Ltda., 2012, p. 36.

El envidioso lo que pretende es rebajar al superior y por ello exige igualdad entre inferiores y superiores. Para este autor la envidia es negativa para la sociedad porque impide que esta se desarrolle en su orden social y natural jerarquizado.

Se divide a los gobernados en *"privilegiados"* y *"oprimidos"*. Por ende, para promover la envidia colectiva se fomenta una alianza entre los gobernantes y los oprimidos. No existe un sentimiento de superación, sino que el del nivel superior descienda al inferior y así alcanzar la igualdad.

Los políticos establecen alianzas entre los envidiosos y los envidiados y en una sociedad donde existen desigualdades, aparece un sentimiento de rencor porque *"la democracia confunde además la libertad con la igualdad, hecho que descansa en profundas razones psicológicas: si todos somos iguales, nadie es superior, a nadie habrá que temer, y esta falta de temor es sin duda la* única *y más auténtica libertad en opinión de Erik VonKuehnelt–leddihn"*.[171] La envidia del que no posee al que posee, del que sabe al que no sabe.

En efecto no se debe sembrar odio por el que tiene más, sino el respeto al mejor y que la igualdad sea la autorrealización propia. En lugar de la envidia igualitaria, que exista la voluntad de cada individuo de alcanzar lo que desea, de ser el mejor en completa libertad. En tal virtud, la igualdad encuentra su conveniencia cuando se la enmarca en lo jurídico, porque todos los seres humanos son iguales ante la ley con el reconocimiento de diferencias como sexo, religión, capacidades, raza, etc.

Para Boaventura De Sousa Santos, la desigualdad y la exclusión son excepciones dentro del proceso social. A su entender la desigualdad y la exclusión constituyen sistemas de pertenencia jerarquizada, el primero por la integración subordinada y el segundo por la exclusión, significa que la desigualdad es un sistema jerárquico de integración social. De tal manera que quien está por debajo del sistema, está dentro y por lo tanto su consideración es indefectible. Mientras que, quien es excluido pertenece por la forma de ser aislado (por ejemplo, parias).

Este autor afirma que el pensador de la desigualdad en la modernidad capitalista es Marx, y que la relación del capital y el trabajo, se sostiene precisamente en la integración que tiene como fundamento la desigualdad entre estos dos factores. Manifiesta que el extremo de

171 Fernández De La Mora, Gonzalo, "La envidia igualitaria", en *Revista de Investigaciones Políticas y Sociológicas, Santiago de Compostela, Universidad Santiago de Compostela,* 2011, pp. 175– 176.

la desigualdad es la esclavitud y de la exclusión es el exterminio.[172]El autor apunta además que el sistema socialista busca la igualdad y la inclusión. Obvio, deja entrever su simpatía hacia el socialismo; sin embargo, es interesante establecer que, para aplacar los efectos de la desigualdad, los países capitalistas también han tomado una serie de medidas similares para combatirla y alcanzar la ansiada igualdad material.

Sin entrar a juzgar la posición ideológica del autor, su pensamiento es aplicable, en tanto que la desigualdad se verifica, por ejemplo, cuando el empleador público o privado se opone a contratar ciudadanos que pertenecen a grupos vulnerables, en el caso de estudio, personas con discapacidad. Puesto que entiende que es más productivo contratar a un individuo con todas sus capacidades físicas, sensoriales e intelectuales frente a quien está falto de una o más de ellas.

Por tanto, es necesario observar el contexto en que realiza la labor, pues si una persona carece de sus extremidades inferiores y tiene gran coeficiente intelectual, en un trabajo en que predomine el análisis o estudio será beneficioso contar con su contingente, incluso por sobre personas físicamente en mejores condiciones.

Al volver a la conceptualización que nos interesa, Roberto Saba en su escrito *"(Des)igualdad estructural"* afirma que existen dos concepciones de igualdad: la igualdad como no discriminación y la igualdad como no sometimiento. La primera tiene como categorías no razonables aquellas que no podrían superar el test de razonabilidad como: la edad, el sexo, la estatura, la nacionalidad, la apariencia exterior, convicciones morales, entre otros.[173]

---

172 De Sousa Santos, Boaventura, "Desigualdad, exclusión y globalización: Hacia la construcción multicultural de la igualdad y la diferencia" en *Igualdad y no discriminación. El reto de la diversidad*, Danilo Caicedo y Angélica Porras, editores, Serie Justicia y Derechos Humanos, Quito, Ministerio de Justicia, Derechos Humanos y Cultos, 2010, p. 7.

173 Corte Constitucional del Ecuador, Quito, en autos *"Segundo Aurelio Branda Guerrero/ Acción extraordinaria de protección en contra de la sentencia del 28 de agosto de 2012, dictada por la Primera Sala de lo Laboral, Niñez y Adolescencia de la Corte Provincial de Justicia del Guayas, dentro de la acción de protección N. 0430-2012, caso no. 1557-12"*, sentencia No. 057–2017–SEP–CC, 08–03–17. Un miembro en servicio activo en la Armada Nacional fue calificado no apto para ingresar al curso de *"Mando y Liderazgo"* y quedó fuera de la institución, por cuanto se cuestionaba su formación moral al haber procreado un hijo fuera del matrimonio. La Corte Constitucional realizó un interesante y extenso análisis sobre el derecho al trabajo del accionante, la igualdad de los hijos, quienes fueron registrados en la Armada con diferente apellido materno y resolvió que

La segunda concepción, igualdad por no sometimiento emplea categorías sospechosas en relación con personas pertenecientes a ciertos grupos históricamente discriminados, como no ser contratada por pertenecer al sexo femenino o por ser discapacitada, comportamientos –en esos casos específicos– que propagan la situación de inferioridad de las mujeres o de las personas en situación de discapacidad.[174]

> *"Una de las razones por la que esta distinción entre tipos de categorías sospechosas es sumamente relevante, es justamente porque en algunos casos las categorías sospechosas fundadas en el principio de igualdad como no sometimiento resultan contradictorias con las categorías sospechosas que se fundan en la igualdad como no discriminación".*[175]

En este contexto, es necesario explicar que, si una compañía contrata solo mujeres, desde la igualdad por no discriminación, el sexo no debería ser un parámetro para la contratación, en virtud del principio de igualdad primigeniamente entendido. No obstante, desde la igualdad por no sometimiento, al haber sido la mujer tradicional-

---

las autoridades de la Armada Nacional al haber separado al accionante de la institución por haber procreado hijos extra–matrimoniales, aquello no debía ser un factor para que una persona sea apartado de su trabajo, por su condición de padre de hijos concebidos fuera del matrimonio.

174 Corte Provincial de Justicia de Pichincha/ Sala Laboral, Quito, en autos "*Diego Guillermo Villacrés López/ Acción de protección en contra de la Universidad Central del Ecuador, caso no. 17159–2017–00002*", 31–07–17. La Universidad Central del Ecuador emite una convocatoria a concurso de mérito y oposición para el cargo de Analista de Planificación. El accionante pasa todas las etapas y obtiene un puntaje de 77,65 en el concurso; sin embargo no es declarado ganador. El Vicerrector Administrativo Financiero de la Universidad Central del Ecuador, emite el Informe Técnico No. 057–DDTH–2017, quien señala: *"El Sr. VILLACRES LOPEZ DIEGO GUILLERMO, postulante al puesto de ANALISTA DE PLANIFICACION 3, en la etapa TENTATIVO FINAL tiene el 77.65, el mismo que presenta una discapacidad visual del 100%.– Cabe mencionar que por la naturaleza del puesto el cual es de ejecución de procesos y tomando en cuenta las actividades esenciales a realizarse y debido al grado de discapacidad del Sr. VILLACRES LOPEZ DIEGO GUILLERMO no lograría con el cumplimiento de las siguientes actividades..."*. El Tribunal resolvió que la discriminación se presenta porque se otorga un tratamiento distinto al compareciente por el hecho de que tiene una discapacidad visual del 100% y declaró al accionante ganador del concurso efectuado.

175 Saba, Roberto, "(Des)igualdad estructural" en *Igualdad y no discriminación. El reto de la diversidad*, Danilo Caicedo y Angélica Porras, editores, Serie Justicia y Derechos Humanos, Quito, Ministerio de Justicia, Derechos Humanos y Cultos, 2010, p. 89.

mente puesta en estado de inferioridad por su sexo, el no contratar hombres no sería un parámetro ilegal, inconstitucional ni desigual.

Carlos Bernal Pulido, expone que existe un deber por parte del Estado en que las ventajas y desventajas deben ser distribuidas equitativamente, bajo cuatro mandatos:

> *"1. Trato idéntico a destinatarios que se encuentren en circunstancias idénticas; 2. Trato enteramente diferenciado a destinatarios cuyas situaciones no compartan ningún elemento común; 3. Trato paritario a destinatarios cuyas situaciones presenten similitudes y diferencias, pero las similitudes sean más relevantes que las diferencias (trato igual a pesar de la diferencia); 4. Trato diferenciado a destinatarios que se encuentren también en una posición en parte similar y en parte diversa, pero en cuyo caso, las diferencias sean más relevantes que las similitudes (trato diferente a pesar de la similitud)".*[176]

Los dos primeros mandatos se aplican a los casos llamados fáciles, mientras que los dos segundos a aquellos conocidos como difíciles".[177] En este sentido, el Estado consigue dar un trato diferente a las personas fundado en un criterio de razonabilidad (Carlos Bernal Pulido) o de funcionalidad (Roberto Saba) para alcanzar la igualdad.

El sector público o privado puede contratar a una persona y no a otra, siempre que este criterio sea razonable. En el caso particular

---

[176] Bernal Pulido, Carlos, "Desigualdad, exclusión y globalización: Hacia la construcción multicultural de la igualdad y la diferencia" en *Igualdad y no discriminación. El reto de la diversidad*, Danilo Caicedo y Angélica Porras, editores, Serie Justicia y Derechos Humanos, Quito, Ministerio de Justicia, Derechos Humanos y Cultos, 2010, p. 452. *"Pero la lógica no proporciona criterios de justificación material que son necesarios en las decisiones judiciales, bien se trate de casos difíciles, o incluso de casos fáciles, rutinarios. Esto último es así porque, por ejemplo, en el anterior esquema argumentativo, el uso por un juez de la premisa normativa presupone por su parte la aceptación de que él debe decidir de acuerdo con las normas del sistema identificadas según la regla de reconocimiento, lo que supone, en último término, apelar a un criterio moral. Es decir, el silogismo judicial presupone siempre un tipo de razonamiento práctico en el sentido de Raz: aunque el juez no lo explicite, su decisión de usar como premisas del mismo las normas –y sólo las normas– del sistema vendría a ser el resultado –no necesariamente en sentido psicológico– de un balance de razones: el que le lleva a considerar que él, en cuanto juez, debe siempre obedecer el Derecho establecido. En relación con los casos difíciles, los criterios de justificación material –en la justificación externa desempeña también un papel, pero no el determinante, la lógica– hacen referencia a la idea de universalidad, a criterios utilitaristas y, quizás, sobre todo, a la noción de coherencia*

[177] Atienza, Manuel, *Derecho y Argumentación,* Bogotá, Universidad Externado de Colombia, 2010, pp. 35–36.

que para un cargo de asesor, suponga la exigencia de contar con un título de tercer nivel, este parámetro no es arbitrario por cuanto se refiere a una destreza o conocimientos específicos, por lo que es lógico exigir una titulación universitaria; pero, los postulantes a dicho cargo que cumplan los mismos requisitos deben estar en igualdad de condiciones y, además, se podría otorgar acciones afirmativas para grupos de atención prioritaria, para que su selección sea equilibrada. Ahora bien, es coherente que el Estado promueva políticas públicas para que la mayoría de los ciudadanos accedan a los estudios universitarios y no solo puedan hacerlo grupos de posiciones económicas pudientes, o condiciones favorables.

Como conclusión del análisis anterior, coincidimos con la afirmación de Roberto Gargarella: *"La idea de igualdad, entonces, resultaría el fundamento último del constitucionalismo y la democracia"*,[178] quien al manifestar este pensamiento se remonta a lo que sobre la igualdad señala Ronald Dworkin: *"...los individuos tienen derecho a igual consideración y respeto..."*.[179]

El autor en su obra *Los derechos en serio* trata a la discriminación inversa, desde la contemplación de dos casos judiciales. En el primero, (1945) a Sweatt, hombre de raza negra, se le niega su ingreso a la facultad de derecho de la Universidad de Texas, porque solo se admitía a estudiantes blancos, caso en el cual revisada la decisión de la universidad, permitiendo su ingreso. En el segundo, (1971) De Funis, judío, no pudo acceder a la Facultad de Derecho de la Universidad de Washington, a pesar de que obtuvo el puntaje requerido; quedó fuera de los admitidos por los cupos asignados a otros grupos raciales como negros, filipinos, chicanos o indios americanos.

Este acudió ante el Tribunal Supremo de los Estados Unidos para ser admitido en la universidad, una vez que se dejen sin efecto –a su criterio– los procedimientos discriminatorios que contravienen la Décimo cuarta Enmienda (igualdad de protección). La mayoría de los estudiantes pertenecientes a los grupos minoritarios obtuvieron menos puntaje que De Funis. Ante lo cual la Corte Suprema ordenó que se admitiera al estudiante sin analizar el fondo del asunto. En

---

178 Gargarella, Roberto, *Constitucionalismo vs. Democracia*, México, Universidad Autónoma de México, 2005, https://archivos.juridicas.unam.mx/www/bjv/libros/8/3876/11.pdf.

179 Dworkin, Ronald, *Los derechos en serio*, Segunda Edición, Barcelona, Editorial Ariel S.A., 1989, p. 272.

voto de minoría el juez Douglas sostuvo que la Corte debió apoyar al peticionario por sus méritos.

Surge la inquietud en los casos expuestos, si la discriminación inversa puede equiparar a los grupos racialmente excluidos con otros, entonces no será indebida, porque las diferencias raciales de por sí son injustas, se puede argumentar que infringen los derechos de otros miembros de la sociedad.

En este contexto, se cuestiona: ¿otorgar beneficios a grupos minoritarios puede ser equivocado, porque este tratamiento preferencial no reforzará el sentimiento de inferioridad que tienen dichos conglomerados? En una analogía con los ejemplos expuestos por Dworkin, el hecho de que el Estado no pudiera asegurar a todas las personas con discapacidad un acceso al pleno empleo, ello no constituiría de manera alguna que el Estado viola los derechos de este grupo de atención prioritaria.

Frente al hecho de que en el Estado ecuatoriano se exija a los empleadores la contratación de por lo menos el 4% de trabajadores con discapacidad o sustitutos del total de los empleados, y que los empleadores escojan a personas que tengan menor porcentaje de discapacidad que otras, no quiere decir que exista discriminación, si su justificación es buscar mejor rendimiento.

También habría que pensar si la discapacidad es intelectual o física y qué actividad comporta la labor. El valorar estos parámetros no sería atentatorio para los derechos humanos, más bien parecería que se está priorizando la productividad. Estas medidas figurarían como no determinantes en el contexto de la discriminación, pero sin duda no podría ser un factor esencial la situación de discapacidad para promover la desigualdad. En efecto, no todas las pautas de discriminación inversas son eficaces para contrarrestar la desigualdad.

Tampoco se puede argumentar que como a otras personas con discapacidad se les ha dado trabajo, es obligación dar trabajo a todos quienes están en similar situación, porque como ha quedado señalado, depende de las circunstancias específicas para realizar la labor. Es decir, el argumento a ser tratado igual no significa que todos los que pertenecen a este grupo deben tener exactamente las mismas condiciones de acceso, permanencia y estabilidad en el empleo, su tratamiento estriba de su condición en particular.

Exigir por parte del empleador un perfil mínimo de acuerdo con el puesto que se oferta, no es motivo discriminatorio. Elemento discriminatorio sería exigir una categoría sospechosa (edad, sexo, raza).

Ser tratado de manera igual, precisamente conlleva a compensar a los grupos que han sido históricamente discriminados, como, por ejemplo, con acciones afirmativas, con el fin de que estas medidas que son de política pública, permitan que las personas con discapacidad, puedan gozar de manera adecuada de la protección de los derechos laborales, que mejora el entorno de la sociedad.

Dworkin además hace una distinción entre igualdad como política e igualdad como derecho, "¿Qué *derechos a la igualdad tienen los ciudadanos, en cuanto individuos, que puedan frustrar programas orientados a cumplir directrices económicas y sociales importantes, entre ellas la práctica social de mejorar la igualdad general?*"[180] Más adelante reflexiona que tienen dos clases de derechos: el derecho a igual tratamiento y el derecho a ser tratado igual.

El derecho a igual tratamiento a los individuos busca atender las condiciones en particular y un equilibrio para que los involucrados puedan alcanzar la igualdad (cargas, méritos, etc.). El derecho a ser tratado igual no comporta estimar una condición particular, es dar o negar lo que corresponda a cada quien sin consideración alguna.

En nuestro caso particular, en la actual Constitución ecuatoriana se han establecido acciones de política pública que han permitido que las personas con discapacidad puedan gozar de una protección reforzada, especialmente en el campo laboral, lo que ha sido evidente a través de decisiones gubernamentales, legislativas y judiciales que han logrado –con mejores resultados que décadas anteriores– la inclusión en la sociedad de las personas en situación de discapacidad.[181]

Las personas con discapacidad tienen derecho a igual tratamiento en el campo laboral porque si se le impide el acceso al trabajo por su condición diferente, no tendrán los recursos para llevar una vida digna y eso es discriminatorio.

La aplicación de la discriminación inversa resulta ser razonable para emplear una política preferencial para grupos minoritarios. Para los trabajadores en general podría ser beneficioso que compartan sus labores con personas en situación con discapacidad porque

---

180 *Ob. cit.* p. 332.

181 Constitución de la República del Ecuador: "*Art. 330.– Se garantizará la inserción y accesibilidad en igualdad de condiciones al trabajo remunerado de las personas con discapacidad. El Estado y los empleadores implementarán servicios sociales y de ayuda especial para facilitar su actividad. Se prohíbe disminuir la remuneración del trabajador con discapacidad por cualquier circunstancia relativa a su condición*".

se eleva la calidad de trato para este colectivo y además se valora su rol dentro de la sociedad. Si los trabajadores con discapacidad tienen éxito en los vínculos laborales, es posible que más personas del mismo grupo quieran aportar con su contingente de trabajo y mejorar los resultados de su labor.

Como consecuencia de lo expuesto, se observa que las relaciones laborales y el mundo del trabajo en general deben estar especialmente protegidos de todo lo que constituya un menoscabo de la dignidad y de la igualdad. Las legislaciones de todos los países han receptado esta verdad evidente, por lo que se podría decir que se encuentra frente a principios (el de dignidad e igualdad) y del derecho natural positivado.

> *"El trabajo supone un quehacer humano, una especie de comunicación inteligente del hombre con las cosas y el mundo, en la que imprime como un sello representativo su personalidad. El trabajo es por eso algo personal, en cuanto que implica un despliegue de muy variadas energías de la persona humana y expresa algunas de sus dimensiones más íntimas; necesario, porque a él está vinculado necesariamente el desarrollo del destino humano; social, puesto que relaciona al hombre con otros y él mismo realizado mediante la cooperación y coordinación de esfuerzos; transitivo y cósmico, puesto que proyecta al hombre con otros y prolonga y desarrolla su corporalidad".*[182]

Referente a la igualdad, cuando se establecen acciones afirmativas a grupos de atención prioritaria para acceder a cargos públicos, la igualdad no es formal sino material y es desarrollada de distintas maneras, para alcanzar la justicia. El respeto a los derechos de las personas con discapacidad se enlaza con la participación de la sociedad frente a este grupo vulnerable.

Por tal motivo, se han dictado tratados internacionales de derechos humanos, que han derivado en normas constitucionales y leyes nacionales, que tienen como objetivo la sensibilización social y el fortalecimiento del ordenamiento jurídico, que apunte hacia políticas de integración en igualdad de condiciones.

La inserción laboral es de gran interés por la importancia que tiene el trabajo en la vida y en la dignidad de las personas en situación discapacitante. Los ajustes razonables por parte de los empleadores para lograr la inclusión laboral deben derribar los obstáculos que im-

---

[182] Villar Mir, Juan Manuel, *Trabajo humano,* Madrid, Gran Enciclopedia Rialp, tomo XXII, Ediciones Rialp S.A. 1971, p. 643.

posibiliten el goce de los derechos y no discriminación, por lo que se debe adaptar el puesto de trabajo y las condiciones para el desarrollo laboral de la persona con discapacidad.

Así, cuando una persona con discapacidad sufre discriminación, no solo contraviene el principio de igualdad, sino que deriva en menoscabo a su dignidad. El trabajador con discapacidad debe tener las mismas condiciones laborales que sus compañeros para que pueda tener un pleno desarrollo de su personalidad.

3.2. La discapacidad laboral, un asunto de dignidad e igualdad.

"REAFIRMANDO que las personas con discapacidad tienen los mismos derechos humanos y libertades fundamentales que otras personas; y que estos derechos, incluido el de no verse sometidos a discriminación fundamentada en la discapacidad, dimanan de la dignidad y la igualdad que son inherentes a todo ser humano".

Convención Interamericana para la eliminación de todas las formas de discriminación contra las personas con discapacidad.[183]

En una extraordinaria obra referida a la acción humana,[184] su autor, Joseph de Finance afirma con razón que el obrar es de carácter existencial: procede del existente. El obrar no es una idea o un valor, si estos permanecen en la idealidad. Ciertamente aquí se expresa una indudable verdad metafísica: el ser encuentra su expresión y coronamiento en el ejercicio de la causalidad. El efecto pone de manifiesto la causa: una misma ley parece regir todos los planos de lo real: no hay nada escondido que no pueda ser descubierto. Todo revela en su obrar lo que es y lo que vale. La esencia debe descubrirse bajo las apariencias, el árbol debe conocerse por su fruto.[185]

Pero hay algo que distingue al hombre. Este, antes de obrar, *se representa*, al menos de una manera confusa, la tentativa que va a emprender, la obra que va a ejecutar, el trabajo que va a realizar. Esta evidencia de sentido común fue incluso descubierta –afirma De Finance–, ni más ni menos que por Carlos Marx, alguien de quien no podría decirse que precisamente era un *"espiritualista"*.

---

183 Preámbulo de la Convención Interamericana para la eliminación de todas las formas de discriminación contra las personas con discapacidad.

184 De Finance, Joseph, S.J. *Ensayo sobre el Obrar Humano*, Madrid, Gredos, 1966.

185 *Ob. cit.*, p. 14.

De hecho, en un párrafo de *El Capital*, Marx escribe:

> *"Una araña realiza operaciones que se asemejan a las del tejedor, y una abeja, por la construcción de sus celdas de cera, avergonzaría a más de un arquitecto. Pero lo que, desde el primer momento, distingue al peor arquitecto de la abeja más hábil, es que aquél construye las celdas en su cabeza antes de realizarlas en la cera".*[186]

Entonces, en el obrar humano (y consecuentemente, en el trabajo), hay un plus: el hombre no solamente se representa en su obra, sino que también la *proyecta* y la *quiere*. Pero *si lo quiere*, existe siempre, en el orden de nuestro querer, la percepción (y la afirmación) en el objeto de algún valor que nos lo presenta como un *bien*. Un bien útil, puesto que se refiere centralmente a los intereses vitales del sujeto.[187] En el caso del bien útil, no es tanto el bienestar del agente lo que está en entredicho, sino su ser. El deseo se hunde en la necesidad.

Se encuentra *mutatis mutandi*, en el centro mismo del mundo del trabajo puesto que la actividad laboral es para el hombre una necesidad que incluso excede lo puramente material y hunde sus raíces en lo psicológico: *el hombre necesita trabajar, sea cual fuere su condición física o su grado de discapacidad,* puesto que la persona debe ser concebida como una unidad. Es que el hombre presenta siempre un carácter axiológico, lo que incluso fuera puesto de relieve por el mismo Santo Tomás, quien veía en la persona *"lo que hay más perfecto en la naturaleza"*.[188]

Lo hasta aquí dicho resulta particularmente evidente si ha de referirse al trabajo humano y a la discapacidad como una cuestión que atañe directamente a la dignidad y a la igualdad. Y es que, como bien lo advierte De Finance, sin ser demasiado paradójico, todo trabajo digno de este nombre tiene algo de *"servil"*, sin duda no en el sentido de la teología moral, sino en el de que, incluso en sus formas más *"liberales"*, está siempre al *"servicio"* de algún fin o valor dominador, respecto al cual el hombre se siente como servidor. Esto es lo que distingue al trabajo del juego o de las ocupaciones del aficionado, en que el hombre no está dominado por el fin que se ha propuesto

---

186 Cit. por Joseph de Finance, p. 42

187 *Ob. cit.*, p. 51.

188 Tomás de Aquino, Santo: Suma Teológica, I, 29, 3 (*"Persona significat id quod perfectissimun est in tota natura"*).

libremente, aunque pueda, a veces (como en el deporte) hacerse voluntariamente esta ilusión.

El trabajo es todo lo contrario a un pasatiempo que dejase potencias y tendencias en su libre juego, controlándolas el sujeto simplemente lo justo para gustar el placer de sentirse vivir en ellas. Tiene como carácter esencial la seriedad. Por esto mismo el trabajo –en las condiciones actuales al menos– implica esfuerzo, renuncia y sufrimiento. Pero además el trabajo comporta la duración (un esfuerzo, incluso penoso, de algunos instantes, no es trabajo) y requiere en consecuencia la perseverancia. Es decir, el querer continuado, el querer que se quiere a sí mismo contra la tentación de la diversión o del reposo.

Por esto compromete tan profundamente al hombre, por esto mismo es formativo en tal alto grado. Del mismo modo que el hombre se conoce al conocer a las cosas, se forja al forjarlas. Es que, inevitablemente, el trabajo está emparentado con el espíritu. Aquí, el nexo es una relación de colaboración en el respeto y casi en la ayuda fraternal. El hombre al trabajar encuentra en las cosas potencias amigas y les comunica "*...un reflejo de su propia dignidad*".[189]

En consonancia con lo anterior se puede ratificar que de la rotunda afirmación: *"Hagamos al hombre a su imagen y semejanza"*, se desprende el fundamento de la dignidad, problema complejo que se patentiza desde el momento en que el respeto por la persona tiene que producirse en un doble ámbito, externo e interno. En el ámbito externo, ningún individuo puede ser tratado por los poderes públicos de forma que no se respete su cualidad de ser humano. Pero también es preciso que exista un trato distinto que diferencie a los seres humanos en función de aquellas desigualdades. El orden jurídico tiene que establecer diferencias de trato que permitan que cada individuo obtenga aquello de lo que socialmente se hace merecedor. En el ámbito interno, el más olvidado, ha de referirse al respeto por su persona que debe tener cada ser humano consigo mismo.

El concepto de dignidad en el mundo contemporáneo se asienta fundamentalmente sobre tres postulados: 1) El hombre o ser humano como valor límite de toda organización política y social; 2) El reconocimiento de que la libertad y racionalidad son valores constitutivos y rasgos identificadores de la persona humana; y 3) La aceptación de que todos los hombres son básica y esencialmente iguales en cuanto

---

189 De Finance, Joseph, *Ob. cit.* p. 411, *passim.*

tenencia y disfrute de la dignidad, la racionalidad y la libertad. Nótese ahora los distintos aspectos o postulados:

a) Se muestra en este caso con contenido negativo, es decir, como un límite a la actuación de los poderes absolutos del gobierno de un Estado. Por ejemplo: prohibición de producción de cualquier tipo de norma o actuaciones que tengan una finalidad o contenido degradante o envilecedor por tratar al individuo como objeto, en vez de como sujeto de derechos;
b) Al vincularse la dignidad a la libertad y a la racionalidad, está inescindiblemente unida a la naturaleza del ser humano.

La idea de igualdad aparece en la doble visión aristotélica de la justicia, que considera que esta se alcanza no obstante dando a todos por igual como dando a cada uno según sus méritos.

Dworkin cree que la dignidad y el autorrespeto son condiciones indispensables del vivir bien. Y hallamos evidencia de eso en la fenomenología por lo demás misteriosa de la vergüenza y del insulto. Para este autor son dimensiones de la dignidad: 1) Exigencia de que el gobierno trate a sus gobernados con igual consideración; 2) Exigencia de que se respeten las responsabilidades éticas de sus ciudadanos; y 3) Tomar en serio nuestra responsabilidad ética (tomar decisiones éticas por nosotros mismos).[190]En efecto, son principios que integran la dignidad:

a) Autorrespeto: este principio insiste en que se debe reconocer la importancia objetiva de vivir bien. Se debe aceptar que se cometería un error si no se preocupara de la manera en que se vive;

b) Autenticidad: una manera de ser que puede comprobar que es adecuada a nuestra situación, y no una, irreflexiblemente deducida de la convención o de las expectativas o demandas de los otros. Ante lo cual, estamos frente a la reformulación del principio de autorrespeto (principio de Kant): La razón que se tiene para considerar objetivamente importante cómo va la vida es también una razón para considerar de valor cómo va la vida de cualquier otra persona.[191] Pero como se ha dicho, se debe tratar la libertad como un fin en sí mismo y no como un medio en procura de alguna cosa, y se lo hace al suponer que se es libre cuando se actúa en virtud de la ley moral, lo cual se

---

190 Dworkin, Ronald, *Justicia para Erizos,* México, Fondo de Cultura Económica, 2014, p. 30.

191 *Ob. cit.* p. 321.

ignora. Por otra parte, la autonomía sólo es posible si se es capaz de actuar en consecuencia de la ley moral.

En tal virtud, la dignidad ontológica otorga una situación de igualdad absoluta, que viene determinada por el lugar que el ser humano ocupa dentro de la naturaleza. Mientras que en la dignidad ética o moral, el ser humano es distinto según la bondad que haya acumulado por su libre y personal proceder con rectitud a lo largo de su singular historia vital, entonces de aquí surge la idea de mérito o de merecimiento.

En definitiva, la dignidad de la persona es norma de comportamiento y título de lo debido que tiene su fundamento y su origen en la naturaleza humana y por ello es objetiva: es una dimensión objetiva que tiene su fundamento en el estatuto ontológico del hombre. Se había mencionado que la autonomía y la voluntad de las personas con discapacidad requieren del respeto de los otros, en consecuencia, que sean tratados como a sí así mismos. Para tal efecto, se considera persona con discapacidad "*...a toda aquella que, como consecuencia de una o más deficiencias físicas, mentales, intelectuales o sensoriales, con independencia de la causa que la hubiera originado, ve restringida permanentemente su capacidad biológica, sicológica y asociativa para ejercer una o más actividades esenciales de la vida diaria".*[192]

Sin embargo, ya ha quedado aclarado que no todas las personas con discapacidad pueden prestar sus servicios como trabajadores, todo dependerá de las situaciones físicas y psicológicas individuales y de la progresión de su condición. Quienes se encuentran en estas circunstancias, en ocasiones pierden o disminuyen progresivamente su movilidad o facultad mental, por lo que no le es posible responder a las necesidades que un trabajo en particular requiere.

El porcentaje de discapacidad determinará si el trabajador es considerado como parte de este grupo de atención prioritaria y de protección especial, porque la discapacidad en algunas ocasiones provoca deterioro físico e intelectual, y puede ser de nacimiento o adquirida. Muchas veces, aunque los investigadores han pretendido desarrollar algún tratamiento que retrase la degeneración, no siempre se puede revertir el estado de inmovilidad o de falta de cognición.

La discusión se enfoca en las personas con discapacidad que pueden acceder a un trabajo, sin dejar a un lado la afirmación de que todas las personas tienen dignidad y deben ser tratadas de igual forma

---

192 Ley Orgánica de Discapacidades del Ecuador, Art. 6.

por el simple hecho de ser humanas. Entonces el estudio se centra en los derechos de las personas con discapacidad, sin que su autonomía, dignidad, igualdad y derecho al trabajo sea motivo de discusión.

Se insiste que los derechos e intereses de una persona trabajadora son paralelos con el derecho de autonomía. Sin embargo, se podría cuestionar si sería lícito que una persona con discapacidad insista en permanecer en su casa y no trabajar, aunque resulte una carga para su familia, entendiendo que tiene capacidades para mejorar su vida y no constituir una carga para otro. Hay que comprender que la dignidad de la persona siempre está ligada con su capacidad de autorrespeto.

Por lo tanto ¿se debería intervenir en la voluntad de una persona con discapacidad si no tiene conciencia de su dignidad?, la respuesta sería afirmativa, porque se debe priorizar su autorrespeto y ser tratado con dignidad. Si bien en un primer momento no hay duda de que goza de autonomía y puede tomar sus propias decisiones, si estas afectan intereses, la solución podría ser que se respete su autonomía si son capaces de tomar decisiones por sí mismas, pero siempre y cuando sus acciones u omisiones no vayan en contra de su dignidad. Hay que recordar que en el *caso del lanzamiento de enanos* se prohibió la actividad protegiendo la dignidad de estas personas.

De todas maneras, el punto de vista dworkiniano manifiesta una patente contradicción teniendo en cuenta que pone en duda, tal como se ha visto, el derecho a la dignidad de los dementes, al afirmar que "*parecen haber perdido la capacidad de reconocer o de apreciar la dignidad o de sufrir por ella*", utilizando como principal argumento cierto sesgo utilitarista: "*...es caro, tedioso y difícil mantener limpios a pacientes seriamente afectados de demencia*",[193] cuando por otra parte advierte, en su último trabajo, que existen instituciones realmente injustas, como así también actos realmente incorrectos, con lo cual se mostraría partidario de ciertas verdades objetivas sobre el valor.

Advierte Dworkin, no se puede estar a la altura de la responsabilidad como gobernantes o ciudadanos si no se supone que los principios morales y otros en función de los cuales se actúa, son objetivamente verdaderos. En consecuencia, a su juicio, no se puede defender una teoría de la justicia sin resguardar una teoría de la objetividad

193 Dworkin, Ronald, *El dominio de la vida*, Barcelona, Editorial Ariel, 1994, p. 306.

moral.[194] Existiría una especie de *"independencia metafísica del valor"*: torturar a bebés por diversión o degollar a una abuela, son actos incorrectos por sí mismos, son objetivos, independientes de la mente. Y critica entonces a los modernos, que creen que esto los saca de la moral para llevarlos a la metafísica. Sin embargo, este autor asegura que estos filósofos promueven una filosofía colonial: el establecimiento de embajadas y guarniciones de la ciencia dentro del discurso del valor para gobernarlo como es debido.[195]

Pues bien, a análoga conclusión llega el gran filósofo suizo Bochenski, al afirmar que la proposición: *"No cortarás el cuello a tu madre para quitarle el dinero"*, no puede ser demostrada: es evidente. Lo más que puede decirse es que así es y que sobre ello no cabe discusión.[196] Hay pues verdades evidentes, que se encuentran en el espíritu como una llamada, y que dicen lo que debe ser. Para manifestarlo a la manera kantiana: este imperativo es categórico, exige incondicionalmente, sin respecto a fin alguno. Su evidencia, obra inmediatamente sobre nosotros.

Lo mismo ocurre con las nociones referidas a la dignidad y a la igualdad. Existe algo así como lo que podría denominarse una *"revolución de la dignidad"*. Rodotá ha precisado esta importancia de ambos conceptos. Así, concluye, en el terreno de los principios este es el verdadero legado del constitucionalismo de la posguerra. En efecto, si la *"revolución de la igualdad"* había sido la connotación de la modernidad, la *"revolución de la dignidad"* sella un tiempo nuevo, es hija del trágico siglo XX y abre la era de la relación entre persona, ciencia y tecnología, tan pertinente en el terreno de las relaciones laborales.

Para Rodotá, en un tiempo ciertamente constituyente, hay dos constituciones, la italiana de 1948 y la alemana de 1949, que no se basan en el modelo fundado en el código de la libertad y de la igualdad que había acompañado el constitucionalismo moderno hasta Weimar y que había sido reconfirmado por la constitución francesa de 1946. *Dignidad y trabajo* son ahora los dos puntos clave; no es que cancelen los fundamentos de la libertad y de la igualdad, sino que renuevan y refuerzan su sentido *"situándolos en un contexto en el que*

---

194 Dworkin, Ronald, *Justicia para Erizos*, Buenos Aires, Fondo de Cultura Económica, 2014, p. 24.

195 *Ob. cit.*, p. 30.

196 Bochenski, Jozéf María, *Introducción al Pensamiento Filosófico*, Barcelona, Herder, 1975, p. 67.

asume importancia capital la condición real de la persona, por aquello que lo caracteriza en lo más profundo, la dignidad, y por aquello que la sitúa en la dimensión de las relaciones sociales: el trabajo".[197]

Esto vale tanto como decir que el sujeto abstracto se hace carne con la persona concreta, concluye Rodotá. Pero lo más importante para el objeto de la presente investigación estas tensiones generadas por la dignidad y la igualdad, creadas a partir de la situación en la que se encuentran las personas con discapacidad, es llevada al mundo del trabajo, que es el de las relaciones de alteridad.

Esto es lo que se abordará en el próximo punto. Adviértase que se ha avanzado mucho: dignidad e igualdad, son conceptos objetivos. Y ellos deben ser llevados con esta sobrecarga axiológica al terreno del derecho laboral en su conjunto.

3.3. La justicia laboral y la alteridad

"Cuando los hombres son amigos, ninguna necesidad hay de justicia, pero, aun siendo justos, si necesitan de la amistad, y parece que son los justos, los que son más capaces de amistad".

Aristóteles[198]

Uno de los deberes sociales es combatir la injusticia, desde la oposición a la percepción del hombre que tiene derecho sobre otro y ejerce su poder sin consecuencias. Conducta que surge del apartamiento del segundo mandamiento *"Amar al prójimo como a ti mismo"*.

El hombre en ocasiones se ha convertido en egocéntrico al creer o pensar que individualmente es el ser más importante y único en la sociedad, en esta esfera aprovecha el poder que le otorgan los recursos económicos, sociales, entre otros, para beneficio propio. No obstante, cuando el ser humano explota lo mejor de sí mismo, se encuentra frente a los sentimientos primigenios de amor y amistad y de esta manera beneficia con sus decisiones al resto de comunidad, en una acción de solidaridad.

En esta reflexión, es propicio remitirse a la obra *La justicia y el derecho natural* del profesor Jorge Guillermo Portela, quien en el capítulo I se refiere a la justicia, el orden moral y el orden jurídico. Parte de que la justicia como virtud está dada desde el punto de vista

---

197 Rodotá, Stefano, *El Derecho a tener derechos*, Madrid, Trotta, 2014, p. 174.

198 Aristóteles, Ética *a Nicómaco, VIII 1, 1155 a 25-28.*

del prójimo,[199]*"...como ha quedado dicho, la consideración del 'otro' implica esa relación justa, lo hace pues en definitiva la justicia es cierta igualdad; el medio de la justicia consiste en una cierta igualdad de proporción entre una cosa externa y una persona extraña",*[200] y que el orden moral es intrínseco al acto justo de la persona en particular, en tanto que el ordenamiento jurídico no se preocupa de las intenciones.[201] Lo que le interesa es el resultado de la acción u omisión y las consecuencias que implica, mientras que la justicia puede ser considerada como fin o ideal del ordenamiento jurídico.

Por ello, la norma jurídica en general establece que los vínculos que existen entre los hombres tengan efectos jurídicos desde la intención del individuo para con otro y no para consigo mismo. El amor y la amistad *(philia)* son sentimientos que los pueblos conocieron antes de que aparezca la justicia. Vivían practicando la amistad, pero no la justicia. *"Cuando los hombres son amigos, ninguna necesidad hay de justicia, pero, aun siendo justos, sí necesitan de la amistad, y parece que son los justos los que son más capaces de amistad".*[202]

Decía Aristóteles que la justicia es la amistad generalizada.[203] La justicia preparó el camino para su surgimiento. El amor y la amistad permiten a los hombres salir más allá de sí mismos, proyectándose en el otro, parecido a lo que significa la cultura, las tradiciones, el lenguaje, la enseñanza para una comunidad. Como el maestro se refleja en el alumno, la amistad, sobrepasa la individualidad y transciende en el bienestar del prójimo. Guiar el camino al otro, y pensar en él, es una forma de alteridad.

Ningún hombre puede pasar solo en el escenario de la vida, siempre busca proyectarse en la sociedad. En ese contexto, el bien común tiene fundamento en los afectos de quienes conforman la comunidad,

---

199 Portela, Jorge Guillermo, *La justicia y el derecho natural,* Buenos Aires, Editorial de la Universidad Católica Argentina, 2017, p. 13. *"La consideración del 'otro' como sujeto e individuo y no como un mero objeto que se pueda utilizar a gusto, es una fuente rica en la que podrían abrevar muchas filosofías o psicologías contemporáneas. Téngase en cuenta que –por lo pronto– implica una negación rotunda a todo posible individualismo o egoísmo personalista. Las relaciones de justicia se fundamentan en el amor de Dios y del prójimo como un 'regalo esencial' para los miembros que componen una comunidad".*

200 *Ob. cit.* p. 14.

201 *Ob. cit.* p. 17, *"En el ordenamiento jurídico basta que se ponga la obra exterior justa, sin interesarle –al menos inmediatamente–, la intención. La justicia jurídica, en el sentido estricto del término, significa el ajuste de la ecuación respecto al otro".*

202 *Ob. cit.* p. 113.

203 *Ob. cit.* p. 111.

con ellos y con los demás. La igualdad es un elemento principal para la amistad porque si no se tienen similares derechos, recursos, condiciones de acceso al trabajo, etc., no habrá amistad.

Por ello, el desear mayores beneficios para el amigo en desmedro de sí mismo, rompe el principio de igualdad, y esta actitud tampoco fortalece una amistad, porque esta diferencia hará que el primero tenga dominio sobre el segundo, que ya no querrá seguir siendo su amigo. La disconformidad entre lo que se da y se recibe en la amistad, ahoga al individuo en la soledad, porque la correspondencia es la solidaridad que a su vez desencadena en una sociedad justa, como se ha repetido *"la regla de oro"* querer al otro como a uno mismo.

El otro se transforma en el *alter ego,* que es querer su bien, con lo que también es feliz el primero. En efecto, mientras mejor amigo se es, al mismo tiempo, se es más justo. La alteridad tiene por objeto ir más allá de la identidad, dejar de ver mi yo para observar mí no yo, es decir dar la vuelta mi punto de vista para considerar el del otro, aceptando que la posición de uno no es la única que existe. Es la facultad que tiene un individuo sin cambiar sus creencias y convicciones, para ponerse en el lugar de otro, lo cual involucra que al tomar su lugar entienda sus diferencias y las valore, acepta la diversidad. Entonces, considerando la alteridad, no debería ser complicado que una persona se ponga en lugar de otra que posee alguna discapacidad.

Dentro de una sociedad, la alteridad tiene lugar cuando la persona deja a un lado su individualidad y proyecta su existencia desde el otro y sus particularidades. De hecho, se mira a la sociedad desde la visión del otro, quien puede tener una perspectiva diferente a la mía. Esa diferencia constituye la base para las relaciones en sociedad, pero no compartirla también instituye el origen de los conflictos.

La alteridad puede ser concebida en términos más amplios. Si dos naciones pretenden tener encuentros, implica que cada una de ellas respetará los valores, principios y convicciones de la otra, en un proceso de integración, lo que facilitará el diálogo para encontrar armonía en los aspectos que se desea negociar. Supone una aproximación del yo y de los otros (ellos) y si existe colisión se podría hablar de nosotros. Cada uno es libre en la medida que su libertad no dañe a otros.

La alteridad no es la responsabilidad de asumir el parecer del otro, pues su realidad es determinada por sus experiencias y la forma en que ha reaccionado ante ellas, pero sí se puede ocupar su lugar en un entorno común, para sensibilizarse y entender cómo percibe su realidad y cómo le afecta. Para lograrlo es necesario eliminar los prejuicios sociales que generan falsas conclusiones sobre los demás, discriminando o negando al otro por las diferencias de identidades, lo que conlleva a considerar la concepción e intereses de los demás para contemplar la realidad desde diferentes ángulos.

Belisario Tello, afirma:

> *"Pero la vida de la persona no asume carácter jurídico sino en medio de relaciones jurídicas; es decir, sociales; por lo cual el derecho participa del dinamismo de la conducta societaria del hombre haciéndose parte de la fluidez del acto mismo que especifica. La razón de su justicia está en el derecho de otro; es decir, no está en el (...) más allá de sí mismo. Es de justicia lo que es de otro; por ende, lo conveniente en justicia no es la conveniencia del sujeto, sino el bien de otro".*[204]

La alteridad es interpersonal, trasciende a la comunidad, constituye la base para el entendimiento de los valores que rige una sociedad, es el respeto y los deberes para los demás. En fin, la alteridad es amistad, pero también es justicia. Así la justicia consiste en la enajenación del yo en beneficio del tú. La apertura de la conciencia al orden intencional e interpersonal.

El hombre coexiste con otros en función de la solidaridad y solo el hombre en sociedad puede hacer justicia. En efecto, todo ordenamiento jurídico supone que el hombre es sujeto de derechos, y que regula la conducta humana en relación con la alteridad, reconociendo al otro más allá de su condición en particular. Este reconocimiento concierne a todos. Solo si se considera la presencia del otro, se puede hacer justicia y dar al otro lo que le corresponde. No puede existir sociedad sin justicia. Entonces la alteridad se estructura sobre la justicia.

> *"La justicia nace cuando un sujeto reconoce la subjetividad de otro como esencialmente idéntica con la de sí mismo, aunque fácticamente diversa. Por tanto, no hay justicia sin conciencia del otro. Pero tener conciencia del otro vale como asumir conciencia jurídica".*[205]

La justicia era considerada para Aristóteles como una virtud –*aretê*–. Para este autor, ella es la disposición habitual por la que los hombres son capaces de practicar los actos y cosas justas, y no solo

---

204 Tello, Belisario, *Eidología y Analogía de la justicia y la amistad,* Córdoba, Arkhé, 1965, p. 28.

205 *Ob. cit.* p. 32.

de practicarlos, sino de quererlos.[206] Aristóteles ya había establecido que con el fin de alcanzar la igualdad –al no estar las partes en las mismas condiciones, se debe otorgar a una más de lo que le corresponde a la otra– para una correcta distribución y llegar al medio entre dos vicios –uno por defecto y otro por exceso–[207] y se debe alcanzar una media justificada, es decir, justicia, a la que el Estagirita denominaba en específico justicia particular. *"Ahora bien, ¿cómo se determina el medio en este tipo de justicia?".*[208]

Ciertamente, la justicia consiste en una igualdad: el medio de la justicia, que es estrictamente objetivo, reside en cierta igualdad de proporción entre una cosa externa y una persona extraña. Ello presupone un actuar exteriorizado, no meramente intencional. Así pues, para la realización de la *ipsa res iusta,* el *medium* no está en el sujeto sino en las cosas, en la realidad externa, *in re.*

Por ello Manuel Río ha dicho, con precisión, que las miradas del justo y el injusto son radicalmente diferentes. Ello se sintetiza en la siguiente frase latina: *ego suum, tu non est,* sino más bien *ego suum, ergo tu est alter ego,*[209] esto significa yo soy, tú no eres, posición compatible con el hombre injusto. El hombre justo entonces diría: yo soy, luego, tú eres el otro.

Así se afirma que la sociedad y la justicia laboral se encuentran amalgamadas, puesto que ni la justicia laboral existe fuera de la sociedad, ni la sociedad subsiste sin la justicia laboral. Por cierto, surge una cuestión: ¿Cómo *se podría existir en este mundo, sin justicia?* Por otra parte, ¿de *qué manera concebir una sociedad sin relaciones generadas a partir del trabajo?* En la justicia laboral se ve una situación en la cual existen e interactúan dos personajes necesarios e imprescindibles. En términos clásicos esos actores son: el obrero y el patrono.

---

206 Aristóteles, *Ética a Nicómaco,* Libro V, 2, 1130 a. Utilizamos la versión de Emilio Julio Pallí Bonet, Madrid, Editorial Gredos, 1985.

207 Aristóteles, *Ética a Nicómaco,* Libro II, 6, 1107 a.

208 Portela, Jorge Guillermo, *La justicia y el derecho natural,* p. 30, se determina el medio en este tipo de justicia: *"Según cierta proporcionalidad de acuerdo al grado o preeminencia de los ciudadanos: De eso nacen disputas o quejas cuando se considera menospreciada la justicia, ya sea porque los iguales no reciben cosas iguales en la distribución, de los bienes comunes, ya sea porque a los no iguales se dan cosas iguales".*

209 Río, Manuel, *La esencia del derecho, la justicia–la ley,* Buenos Aires, Artes Gráficas, 1970, p. 172.

La justicia laboral no se perfecciona en la intimidad del trabajador ni del empleador, sino en la alteridad de la relación, es decir en esa condición o capacidad de ponerse en el lugar del otro. Pero esa capacidad es propia de la empatía, requisito imprescindible para arribar no sólo a soluciones jurídicamente satisfactorias, sino también socialmente necesarias.

La justicia laboral nace cuando se reconoce la subjetividad del otro, como esencialmente idéntica con la de sí mismo, aunque sea fácticamente diversa. Por tanto, no podríamos hablar de justicia laboral sin conciencia del otro. Al entender la diferencia del otro, a partir del reconocimiento de su presencia, debe otorgársele lo que le corresponde, así se alcanza justicia.

La justicia nos permite encontrar soluciones para que las personas en situación de discapacidad puedan alcanzar la igualdad en el campo laboral. Al reconocer la diversidad del otro como si fuera la de sí mismo, se puede lograr una respuesta justa y jurídica. Entonces la justicia es una virtud al servicio de trabajadores y empleadores. Por consiguiente, siguiendo al maestro Jorge Portela, se verifica que la justicia es un valor porque cumple con las características que los conciertan: objetividad, bipolaridad, interconexión y jerarquía.

La objetividad de la justicia se puede demostrar en el *"Poema"* de Parménides, que revela una claridad conceptual, al analizar la relación existente entre justicia y verdad. De hecho, en ese viaje, en busca de la *"aletheia"*, el viajero se encuentra con una entrada cubierta con grandes portones. Pero, lo que se rescata aquí, se evidencia en la siguiente metáfora: las llaves de esa puerta de entrada, las tiene justicia.

La justicia deja pasar al viajero pues ella se convence que efectivamente su propósito es noble: llegar a la verdad. Ella está bien guardada, ciertamente. Se encuentra pues, ante un portero fiel. Parménides describe al más eficaz guardián de la verdad, que no puede ser otro que la justicia. La justicia es la custodia de la verdad.[210]

Del mismo modo, en el Eutifrón platónico, este dialoga con Sócrates en un ágora, y en esa conversación se llega a la interrogación acerca de lo que es la justicia. Es difícil contestar esa pregunta, pero a pesar de ello, Sócrates concluye que hay cosas y situaciones respecto de las cuales existe una común coincidencia, como sancionar a quien ha cometido un delito.

---

[210] Parménides, *Poema*, Fr. 1, 10, Madrid, Istmo, 2007.

Por consiguiente, Platón advierte que hay un concepto objetivo de justicia respecto del cual nadie puede dudar. Por ejemplo, hoy en día, que una persona esclavice a otra es calificado como injusto e inmoral por toda la humanidad, lo que difiere es la forma en la cual se sanciona el acto.[211]

En *La República*, esa división de estamentos (artesanos, guerreros y gobernantes) que hace Platón, debe ser el fundamento de toda sociedad organizada siendo un aporte acerca de la objetividad. Se trata de la justicia política, es decir, la forma en cómo debe estar constituido un Estado para que efectivamente sea una sociedad justa.[212] Finalmente, es objetiva además porque –a manera de hipótesis– una resolución es justa más allá de lo que signifique para las partes involucradas, no cambia su realidad la reflexión individual, el acto es el consignatario del valor justicia. Además, como valor tiene una bipolaridad, el lado negativo de la justicia es la injusticia.

Respecto de la interconexión de la justicia con otros valores, hay una tradición clásica que hace depender a la justicia del orden y de la paz. Así, en el libro de Isaías encontramos *"El producto de la justicia será la paz, tranquilidad y seguridad perpetuas serán su fruto"*[213]. En los Salmos: *"La justicia y la paz se besan"*[214]. Entonces, estos dos pensamientos reflejan que la paz y la justicia se necesitan recíprocamente. Se trata de la paz social, y lo mismo ocurre con el concepto de orden, porque la justicia es el pilar donde se asienta el orden social. Por esa razón, se puede claramente constatar la interconexión entre todos los valores jurídicos, especialmente con la justicia.

Hay un punto de vista jerárquico entre la justicia y los demás valores, ciertamente, cuando un juez dicta una sentencia y reconoce el pago de haberes a favor del trabajador, el valor que triunfa ahí es el valor orden y al comprobar este valor, también prevalece la justicia. Es necesario remitirse a cada situación concreta, porque los valores son sumamente dinámicos y el hecho de que triunfe uno, no significa que el otro tenga que ser desechado de forma absoluta. Existen valores que en determinada situación concreta son más importantes que otros, el valor justicia tradicionalmente es uno de los más importantes, pero depende del caso en particular. Al final, cabe recordar que, tratándose del derecho, la justicia constituye uno de sus fines primordiales.

---

211 Platón, *Eutifrón*, Madrid, Obras Completas, Edición Patricio de Azcarate, tomo I, 1971.

212 Platón, *República,* Buenos Aires, Eudeba, 2018.

213 Isaías 32:17.

214 Salmos 85:10.

Por otra parte, la prudencia implica fundamentalmente un respeto a la realidad, a lo que está allí frente nuestro, lo que es extramental. En rigor de verdad, para ser justo es necesario ser previamente prudente. Ello posee implicancias importantes a la hora de relacionarse con la justicia, puesto que el otro, el prójimo, el sujeto hacia el cual se dirige la acción justa, forma parte de lo real ya que de lo contrario *¿cómo podríamos darle lo que le corresponde si no es a condición de que exista en el plano de la realidad?*

En impecable metáfora, el gran poeta francés Paul Claudel ha dicho que la prudencia es la *"inteligente proa"* que en medio de la multiplicidad de lo finito pone rumbo a la perfección. En efecto, ella es la que se encuentra delante del barco, abriendo de esa manera la ruta que ha de seguirse, el recto camino de nuestra acción. Se puede agregar que la prudencia también posee una relación con las enseñanzas de Parménides en su Poema, ya analizado más arriba. Así, cuando la justicia custodia a *aletheia*, a la verdad, reconoce en lo más profundo a la realidad misma, al enunciar al primer principio del entendimiento teórico: el principio de identidad, nada puede ser y no ser al mismo tiempo.

Precisamente, el conocimiento y el re–conocimiento objetivo de la realidad hacen comprensible que la prudencia pueda ser definida como la "*recta ratio agibilium*", la recta razón en el obrar. Entonces, el hombre prudente es un individuo especialmente cauto para lograr alcanzar el bien querido. En suma: la conexión que existe entre prudencia y justicia, exige el conocimiento de la realidad, que se torna decisivo a la hora de tomar decisiones personales, interpersonales y sociales. El que ignora cómo son verdaderamente las cosas, no puede en rigor decidir nada justo.

3.4. El reconocimiento de la dignidad como un problema de justicia.

"La dignidad humana como fundamento de toda vida social"

Papa Francisco[215]

El concepto de dignidad que interesa para el análisis, no es el de ocupar un rol particularmente alto en la sociedad, sino la expresión de la igualdad de todos los seres humanos, quienes son titulares de derechos. Actualmente es un concepto presente en todas las declaraciones de derechos de ámbito internacional. Al igual que muchas

---

215 Papa Francisco, https://www.vaticannews.va/es/papa/news/2020–08/catequesis–papa–francisco–audiencia–general–12–agosto–2020.html.

Constituciones, particularmente aquellas que han sido aprobadas después de la Segunda Guerra Mundial, y de la creación de la Organización de Naciones Unidas a partir de 1948.

Por ello la dignidad juega un papel esencial en consonancia con los derechos humanos y los derechos fundamentales contemplados en las Cartas Supremas. Por ende, las relaciones entre justicia y dignidad son plurales y necesarias, fáciles de percibir, no contingentes. Como ha quedado explicado en el acápite anterior, ponerse en lugar del otro es una forma de entender cuáles son sus necesidades, sus derechos, es reconocer su dignidad.

Así, estas relaciones vienen dadas por la *alteridad*, rasgo distintivo tanto de la justicia como de la vida en sociedad. Es que solamente las personas pueden ser sujetos de las relaciones de alteridad. En el animal no hay propiamente *alteridad*, sino *otredad*. La bestia, en efecto, está completamente cautiva de *lo otro*, mientras que el hombre está esencialmente referido al otro.

La *alteridad* especifica pues al hombre como la *otredad* limita al animal. De acuerdo con esto, la alteridad será necesariamente interpersonal, toda vez que no es posible entre seres infrapersonales. Y es que la convivencia cotidiana es un dato que nos muestra ya la abertura de nuestro ser al ser de los demás.

> *"Si el hombre trabaja –y esto lo distingue de todos los otros primates– no es por específicas exigencias biológicas, sino, al contrario, porque es capaz de tomar distancia de sus exigencias biológicas inmediatas y de trascenderlas, porque es capaz de formular previsiones y de elaborar proyectos, es decir, de objetivar su actuar. Lo que se cuestiona no es compromiso que el hombre coloca en esta objetivación (se puede también tener una motivación pragmática, como la de responder a la exigencia –por otra exclusivamente psicológica– de satisfacer necesidades), ni lo útil que de tal compromiso pueda derivar (esa experiencia común, por ejemplo, el rechazo de trabajo objetivamente lucrativos, pero subjetivamente odiosos y viceversa), sino el hecho que el hombre encuentre en el trabajo la medida de la propia temporalidad, a través de lo extrínseco de su propio actuar".*[216]

Como bien lo describe el maestro Belisario Tello,[217] la sociabilidad connota la alteridad. Por otra parte, no hay conducta propiamente

---

216 D'Agostino, Francesco, *Filosofía del Derecho,* Bogotá, Universidad de La Sabana, 2002, p. 91.

217 Tello, Belisario, *Eidología y Analogía de la Justicia y la Amistad,* Córdoba, Arkhé, 1965.

humana sin altruismo; pues la abolición del otro implica la negación de sí. Por eso es tan inhumano desentenderse del otro, como humano es entenderse con él. Se acerca de a poco a las orillas de la dignidad ya que una característica de este mundo sublunar en el que estamos inmersos es que entramos de rondón en contacto con el prójimo, del mismo modo que nos encontramos sin rodeos en medio de las cosas.

Entonces, si la justicia consiste en re–conocer la existencia del prójimo (ya que si lo ignoráramos, *¿cómo podríamos darle lo que le corresponde?*), ella implica necesariamente también re–conocer su dignidad como persona: el derecho no existe ni se realiza en la esfera de la intimidad personal, sino en la de la alteridad social, pues se inserta en las relaciones interhumanas.

Belisario Tello en su obra *Eidología y Analogía de la Justicia y la Amistad*, afirma:

> *"...la naturaleza del derecho se infiere de la esencia del hombre. El derecho es entonces un que–hacer estrictamente humano de dimensión social. La ciencia del derecho es inseparable de la esencia del hombre. Este es el único sujeto de derecho, porque como ser dotado de razón es el único capaz de percibir la razón de lo justo".*[218]

En consecuencia, desde el momento en que realizamos una acción justa y otorgamos lo que corresponde al otro, estamos reconociendo su dignidad. En suma: la justicia nace cuando un sujeto reconoce la subjetividad de otro como *esencialmente* idéntica con la de sí mismo, aunque sea *fácticamente* diversa. Por tanto, no hay justicia sin conciencia del otro. Pero tener conciencia del otro vale tanto como asumir conciencia jurídica. Es conocido el interés que la doctrina social de la Iglesia Católica le ha dado a la persona humana y su dignidad como base de los derechos humanos. Ha tratado la dignidad humana desde tres aspectos:

a) El primero, dice que la dignidad pertenece no solo al ser humano desde que nace y trasciende después de su muerte, sino desde el momento mismo de la concepción, desde ahí habría una vida.
b) El segundo punto es que la dignidad no admite graduación, se la tiene o no La Iglesia Católica no acepta que todos los seres vivos tienen dignidad, solo la poseen los seres humanos, como se ha dicho en líneas anteriores, quien es inducido al coma

---

218 Ob. cit. p. 28.

tiene el mismo grado de dignidad que una persona que está consciente; y

c) El tercer aspecto está relacionado con las sagradas escrituras. El hombre está hecho a la imagen y semejanza de Dios,[219] entonces la dignidad en los hombres es un reflejo de Dios mismo, en un grado inferior si se quiere, pero con dignidad.[220]

De lo anotado se puede observar que cuando la dignidad entra en disputa con cualquier valor o principio, la dignidad siempre triunfa. Es absoluta y universal porque esta doctrina es para *"los hombres de buena voluntad"*.[221] La dignidad humana es aquella condición inherente a la esencia misma del ser humano, que en una íntima relación con el libre desarrollo de su personalidad, a su integridad y a su libertad, le dota de características especiales que trascienden lo material y que tienen una profunda consolidación en el más alto nivel de la tutela, protección y ejercicio de los derechos humanos.[222] Es reconocer que los seres humanos pueden ser diferentes y aun así tratarlos con respeto y consideración, porque cada ser humano tiene capacidades propias que le permiten ser complemento en una sociedad.

La dignidad es uno de los atributos de los seres humanos que también fue considerado a mediados del siglo XX en la Carta de las Naciones, suscrita el 26 de junio de 1945 en San Francisco, al concluir la Conferencia de las Naciones Unidas sobre Organización Internacional, y entró en vigor el 24 de octubre del mismo año, así en su preámbulo contempla: *"Nosotros los pueblos de las naciones unidas resueltos a preservar a las generaciones venideras del flagelo de la guerra que dos veces durante nuestra vida ha infligido a la Humanidad*

---

219 Génesis, 26; *"Y dijo Dios: Hagamos al hombre a nuestra imagen, conforme a nuestra semejanza (...). 27. Creó, pues, Dios al hombre a imagen suya, a imagen de Dios lo creó; varón y hembra los creó..."*.

220 Papa Benedicto XVI, *CONGREGACIÓN PARA LA DOCTRINA DE LA FE,* Instrucción, *Dignitas Personae,* Sobre algunas cuestiones de Bioética, El Vaticano, 2008, http://www.vatican.va/roman curia/congregations/cfaith/documents/rc con cfaith doc 20081208 dignitas–personae sp.html.

221 Lucas 2:14, *"¡Gloria a Dios en las alturas, y en la tierra paz, buena voluntad para con los hombres!"*.

222 Corte Constitucional del Ecuador, Quito, en autos *"Zenón Estuardo Bajaña García/ Acción extraordinaria de protección en contra de la sentencia dictada por la Sala Especializada de lo Civil, Mercantil, Laboral y Materias Residuales de la Corte Provincial de Justicia de Los Ríos, el 15 de julio de 2011, dentro de la acción de protección no. 1097–2012"*, sentencia No. 093–14–SEP–CC caso no. 1752–11– EP.

sufrimientos indecibles; a reafirmar la fe en los derechos fundamentales del hombre, en la dignidad y el valor de la persona humana, en la igualdad de derechos de hombres y mujeres y de las naciones grandes y pequeñas", se unieron para dictar la Carta referida.

La Declaración Universal de los Derechos Humanos fue adoptada por la Asamblea General de las Naciones Unidas el 10 de diciembre de 1948 en París. En su artículo 1, dispone: "*Todos los seres humanos nacen libres e iguales en dignidad y derechos y, dotados como están de razón y conciencia, deben comportarse fraternalmente los unos con los otros*". Los Pactos de Derechos Civiles y Políticos; y de Derechos Económicos, Sociales y Culturales fueron aprobados por la Asamblea General de las Naciones Unidas, el 16 de diciembre de 1966, el primero vigente desde el 23 de marzo de 1976 y el segundo desde el 3 de enero de 1976, que sus preámbulos se dictan "*Reconociendo que estos derechos se derivan de la dignidad inherente a la persona humana*".

La Convención Internacional sobre la Eliminación de todas las Formas de Discriminación Racial de 21 de diciembre de 1965, menciona que "*...la Carta de las Naciones Unidas está basada en los principios de la dignidad y de la igualdad inherentes a todos los seres humanos (...) y que la Declaración Universal de Derechos Humanos proclama que todos los seres humanos nacen libres e iguales en dignidad y derechos...*".

Además deben mencionarse la Convención sobre la Tortura de 27 de diciembre de 1985, la Convención de los Derechos del Niño, de 6 de diciembre de 1989, y la Convención sobre los Derechos de las Personas con Discapacidad de 2006, puesto que son propósitos de estos instrumentos promover, proteger y asegurar el goce pleno y en condiciones de igualdad de todos los derechos humanos y libertades fundamentales de todas las personas con discapacidad, y suscitar el respeto de su dignidad inherente.[223] De esta manera en los años cincuenta se empezó a reflexionar sobre la dignidad como parte fundamental para los tratados internacionales de derechos humanos y en las Constituciones de los diferentes países.

Como ejemplo, Ecuador en el preámbulo de la Constitución ha considerado construir una forma de convivencia ciudadana, en di-

---

223 Convención sobre los Derechos de las Personas con Discapacidad. –"*Los Estados Partes en la presente Convención, a. Recordando que los principios de la Carta de las Naciones Unidas que proclaman que la libertad, la justicia y la paz en el mundo tienen por base el reconocimiento de la dignidad y el valor inherentes y de los derechos iguales e inalienables de todos los miembros de la familia humana*".

versidad y armonía con la naturaleza, para alcanzar el buen vivir, el *sumak kawsay*: una sociedad que respeta en todas sus dimensiones, la dignidad de las personas y sus colectividades. La dignidad como se ha mencionado ha sido entrelazada con otros derechos como la libertad y la igualdad.

En Ecuador se reconocen los derechos y garantías establecidos en la Constitución y en los instrumentos internacionales de derechos humanos sin excluir los demás derechos derivados de la dignidad de las personas, comunidades, pueblos y nacionalidades, que sean necesarios para su pleno desenvolvimiento.[224] A propósito del derecho al trabajo, el mismo se encuentra reconocido en el artículo 33 de la Constitución, por lo que el Estado debe garantizar a los trabajadores el respeto a su dignidad, a una vida decorosa, remuneraciones y retribuciones justas y el desempeño de un trabajo saludable y libremente escogido o aceptado.

También se puede sostener que el atributo de digno, es resaltado desde una perspectiva eminentemente jurídica, con los principios constitucionales consagrados en el artículo 326 de la Carta Primera que irradian al derecho del trabajo, marcando garantías que incluso deben reflejarse en el ámbito jurisdiccional. Es decir, en Ecuador, el trabajo como una dimensión de la dignidad humana, encuentra soporte directo en principios positivados constitucionalmente, y que son de aplicación incluso directa, mediante acciones jurisdiccionales.

En consecuencia, la dignidad de las personas en situación de discapacidad, no es el resultado de una condición diferente frente al resto, sino de las circunstancias favorables o, por el contrario, de las barreras con las que se encuentra en su entorno social. El grado de discapacidad dependerá de la forma como lo califique y lo trate la colectividad. Si una persona tiene una discapacidad física, su inmovilidad es sobrellevada con una silla de ruedas, accesibilidad a los lugares de trabajo, vehículos con adecuaciones para su movilización; o si alguien tiene incapacidad intelectual, se le dota de buena educación inclusiva. En general, de posiciones favorables frente a su situación de discapacidad, partiendo de un trato social justo.

En estas dos representaciones, se observa que efectivamente existen diversas formas de políticas públicas, legislación, decisiones jurisdiccionales y comportamientos sociales, que han sido considerados, para garantizar la dignidad y el desarrollo pleno de personas

---

224 Constitución de la República del Ecuador, Art. 11 numeral 7.

en condición de discapacidad, dentro de la comunidad en la que se desenvuelven. Los valores de la sociedad están plasmados modernamente en la noción de *"derechos humanos"*, que son los que protegen del abuso del poder a la dignidad, libertad e igualdad de las personas, constituyéndose en nuestros días, los derechos humanos en la traducción jurídica de los valores.

CONCLUSIONES

- El concepto de dignidad se ha relativizado, ha tenido diferentes acepciones a lo largo del tiempo, incluso se han construido a manera de dogmas, vaciando de esa manera su contenido.
- En Grecia, la dignidad del hombre no era absoluta, se consideraba en función del lugar que ocupaba en la *polis* y de la perfección de sus capacidades intelectuales y físicas. La dignidad, en sus orígenes, no tenía un tinte jurídico y político, sino filosófico y moral.
- A diferencia de los griegos, los romanos superaron la concepción limitada de dignidad, pues, entendieron que esta es atribuible a toda la especie humana. No es digno solo el ciudadano romano sino todo ser humano. Es en virtud de esa racionalidad del hombre, que lo hace superior a los otros seres, que a todos los seres humanos –hombre, mujer, niños y ancianos– se les atribuye dignidad, sin excepción.
- Para la fe cristiana la dignidad humana se fundamenta en que el hombre ha sido creado a la imagen y semejanza de Dios. Entonces, las personas tienen dignidad por el solo hecho de serlo, no depende de ninguna acción, no se altera en lo absoluto. La dignidad se relaciona con la divinidad que tiene el alma del hombre para con su Creador.
- La dignidad además es propia de cada persona y no depende de sus *"acciones humanas contrarias a la moral"*. La dignidad permanece porque la persona existe, es inherente al ser humano por el solo hecho de existir. Su pertenencia no tiene que ver con la voluntad humana, porque es *"natural"* al hombre. La dignidad no se pierde ni siquiera con la muerte.
- La dignidad es un principio derivado de la naturaleza humana, por lo tanto, inseparable de su esencia, y ha sido positivizada en constituciones e instrumentos internacionales. Lo que implica que es protegida por el ordenamiento jurídico de los Estados, cuya transgresión tiene consecuencias jurídicas.
- Para Kant, de acuerdo al principio de autonomía, el hombre debe ser respetado en sí mismo, siendo este el fundamento de la dignidad. Deriva entonces de la naturaleza racional del

hombre. Pues, obrar de un modo que se trate al hombre como fin en sí mismo, es una ley moral que puede ser comprendida únicamente por un ser racional. Por ello, la autonomía es el fundamento de la dignidad de la naturaleza del hombre y de la naturaleza racional, porque ella es un fin en sí mismo y el hombre es legislador universal por su dignidad como ser racional.

- En efecto, para Kant la dignidad es oponible incluso al bien común, la dignidad individual es superior incluso al interés de la colectividad. Es asumida por cada persona, como consecuencia de su autonomía. La capacidad de darse sus propias normas –éticas– y ser consecuentes con ellas.
- En el concepto de dignidad es importante el principio de universalidad, entendiendo que, tratar a los demás con dignidad, implica que al individuo le gustaría que le tratarán dignamente. Entonces, el concepto de dignidad es máximamente universalizable.
- Para la doctrina pontificia, el trabajo humano está indisolublemente unido a la idea de dignidad, cuyo fundamento es que el hombre ha sido creado a la imagen y semejanza de Dios. De ahí que, las encíclicas sociales defienden la justicia social de la que trata la Iglesia Católica. Insistiendo en la reivindicación de los derechos humanos, y en específico de los derechos laborales.
- En el siglo XX, se insiste en la dignidad del trabajo que va a ser ratificada completamente por la *Laborem Exercens (Ejerciendo el trabajo)* de San Juan Pablo II. En el siglo XXI, la Carta Encíclica *Caritas in Veritate* aboga por la justicia, el bien común y el compromiso social. Además, postula que *"todo trabajador es un creador"*, construyendo así la dignidad del obrero.
- Es de destacar que los postulados de las Encíclicas influyeron en los contenidos de legislación internacional. Así, antes que la Organización Internacional del Trabajo refiera la dignidad del trabajador, el salario justo, la protección de la maternidad.
- Actualmente, el Sumo Pontífice Francisco, ha afirmado la relación del trabajo con la dignidad humana y la justicia social. Ha dicho que el trabajo es *"a menudo rehén de la injusticia social"* siendo *"un derecho y deber fundamental de la persona"*. En esta línea enfatizó que la dignidad no se satisface con *"traer el pan a casa"* sino *"ganarse el pan"*; añadiendo que *"si*

no damos a la gente la capacidad de ganarse el pan es una injusticia social".

- Todos los méritos, la posición social, las jerarquías, nada tiene más valor que el hombre en sí mismo. Todos los seres humanos son y valen lo mismo. En la modernidad, la dignidad no solo es tratada como derivación de la naturaleza del hombre sino como consecuencia de la libertad e igualdad. La persona no puede separar la dignidad de sí misma como tampoco puede rechazar la protección de los derechos humanos que de por sí le son propios. Por tal razón deben ser reconocidos por el Estado.
- La incorporación de la dignidad humana en el ámbito jurídico y en textos constitucionales ha sido contemplada a nivel mundial. Alcanzando los derechos humanos una dimensión moral y la dignidad una expresión jurídica. De ahí que, no se puede negar la vinculación del derecho con la moral; más aún si este es una práctica social dirigida a ciertos fines y valores, siendo que la dignidad humana envuelve a todos. La dignidad como fundamento del derecho es la justificación definitiva de que derecho y moral, al final, se encuentran.
- Todas las conductas externas que no le permitan al hombre cumplir con su objetivo –trabajo digno, vida digna–, pueden ser consideradas indignas, como por ejemplo no procurar el trabajo para una persona con discapacidad. Sea cual sea la condición en la que se halle una persona tiene derecho a acceder a un trabajo y permanecer en él, con el fin de alcanzar un patrimonio. Entonces el trabajo no puede ser reducido a una categoría de mercado. El trabajador no puede ser instrumento u objeto de enriquecimiento ajeno sino más bien ser parte de un comercio equitativo y solidario. Debe existir una compatibilidad entre la actividad empresarial con la dignidad del trabajador.
- En consecuencia, no se puede negar el carácter antropológico del trabajo, entonces la dignidad debe medirse con la concreción de los fines de la persona, como parte de la sociedad.
- La esencia de la dignidad nos permite entender que la igualdad material en favor de las personas trabajadoras en situación de discapacidad debe ser respetada y promovida por todos, sin necesidad de recurrir a la coacción contenida en una norma jurídica, sino en el entendimiento de la dignidad humana como parte de la cultura jurídica.

- El principio de igualdad y la prohibición de discriminación promulgada por la Revolución Francesa, fue acogida con exaltación por ser uno de los trascendentales postulados de los revolucionarios.
- Todos los seres humanos tienen determinados derechos innatos porque son partícipes de una naturaleza común. En la naturaleza humana radica precisamente la dignidad humana. Nadie puede privarse a sí mismo de la dignidad. La dignidad es una característica propia de cada ser humano y común para todos. Cuando se habla de dignidad del ser humano no se opina sobre humanidad, sino del individuo como tal, portador de esa dignidad y a quien se exige sea tratado con respeto. Los seres humanos poseen el mismo nivel de dignidad, más allá de las condiciones físicas o intelectuales. Todo aquel que posee dignidad es portador de derechos y también tiene obligaciones. La dignidad es un principio absoluto y universal, no es aplicable solo a los creyentes sino a todos los hombres.
- La dignidad como se ha referido, es absoluta, está en todos los derechos y especialmente se vincula con la libertad y la igualdad. Sin embargo, es necesario aclarar que la dignidad no tiene límite alguno, como lo pueden tener la libertad y la igualdad.
- La dignidad ontológica es concedida por Dios a los hombres, por el solo hecho de serlo y por su naturaleza. La dignidad moral depende del comportamiento del ser humano en razón de su libertad, y es la persona quien marca las condiciones durante su existencia. Lo ideal sería que la dignidad moral (comportamiento) esté en correspondencia de la dignidad ontológica (naturaleza).
- En las relaciones de trabajo, el núcleo es la dignidad de la persona y por lo tanto la clase de trabajo o de tarea emprendida, tiene sustento en el hombre. La dignidad laboral se hace visible por la deferencia que se tiene para con el otro, cuidándolo como a sí mismo, el trabajador poniéndose en lugar del empleador y viceversa, por lo que este último debe procurar pagar un salario justo, para que el primero pueda tener buena calidad de vida. La dignidad además implica que todos deben tener oportunidades de acceso y permanencia laborales en igualdad de condiciones, sin discriminación alguna.

- Se confiere al trabajo la calidad de derecho fundamental, con una dimensión de dignidad, y se cimienta en el concepto de que el ser humano es un fin en sí mismo, puesto que tiene propósitos propios que cumplir. En consecuencia el trabajo es la dignidad humana plasmada en acto, que permite al hombre alcanzar el desarrollo de sus potencialidades, capacidades y destrezas para solventar sus necesidades personales y familiares vitales.
- Al darle al trabajo la categoría de digno, le envuelven de una serie de garantías que lo sostienen; entre ellas: una remuneración justa y la protección del trabajo de personas en situación de discapacidad. En consecuencia, discapacidad e igualdad son como dos caras de una misma realidad, ya que la primera solo adquiere significación en la medida en que la segunda se efectivice plenamente.
- Lo único que permite lograr una igualdad en abstracto es la ley jurídica como marco de referencia. No puede estar basada en la decisión arbitraria de un tirano o en la voluntad de una mayoría eventual. La igualdad encuentra su conveniencia cuando se la enmarca en lo jurídico, porque todos los seres humanos son iguales ante la ley con el reconocimiento de diferencias como sexo, religión, capacidades, raza, etc.
- La igualdad como no discriminación tiene como categorías no razonables aquellas que no podrían superar el test de razonabilidad, como por ejemplo la edad, el sexo, la estatura, la nacionalidad, la apariencia exterior, convicciones morales, entre otros. La igualdad por no sometimiento emplea categorías sospechosas en relación con personas pertenecientes a ciertos grupos históricamente discriminados, por ejemplo, no ser contratada por pertenecer al sexo femenino o por ser discapacitado, comportamientos –en esos casos específicos– propagar la situación de inferioridad de las mujeres o de las personas en situación de discapacidad.
- Un elemento discriminatorio sería exigir una categoría sospechosa (edad, sexo, raza). Ser tratado de manera igual, precisamente conlleva a compensar a los grupos que han sido históricamente discriminados, como, por ejemplo, con acciones afirmativas, con el fin de que estas circunstancias que son de política pública permitan que las personas con discapacidad

puedan gozar de manera adecuada de la protección de los derechos laborales que mejora el entorno de la sociedad.

- Las personas con discapacidad tienen derecho a igual tratamiento en el campo laboral porque a quien se le impida el acceso al trabajo por su condición diferente, no tendrá los recursos para llevar una vida adecuada, y eso es discriminatorio.
- La aplicación de la discriminación inversa resulta ser razonable para aplicar una política preferencial para grupos minoritarios.
- Las relaciones laborales están protegidas contra todo menoscabo a la dignidad y a la igualdad. En las legislaciones contemporáneas se han positivizado los principios de la dignidad e igualdad. Además, se han dictado tratados internacionales de derechos humanos, que han derivado en normas constitucionales y leyes nacionales, que se dirigen hacia políticas de integración en igualdad de condiciones.
- Cuando una persona con discapacidad sufre discriminación, no solo contraviene el principio de igualdad, sino que deriva en menoscabo a su dignidad. El trabajador con discapacidad debe tener las mismas condiciones laborales que sus compañeros para que pueda tener un pleno desarrollo de su personalidad.
- Del mismo modo que el hombre se conoce al conocer a las cosas, se forja al forjarlas. Es que, inevitablemente, el trabajo está emparentado con el espíritu. El hombre al trabajar, encuentra en las cosas potencias amigas y les comunica "*...un reflejo de su propia dignidad*".
- El concepto de dignidad en el mundo contemporáneo, se asienta fundamentalmente sobre tres postulados: 1) El hombre o ser humano como valor límite de toda organización política y social; 2) El reconocimiento de que la libertad y racionalidad son valores constitutivos y rasgos identificadores de la persona humana; y 3) La aceptación de que todos los hombres son básica y esencialmente iguales en cuanto tenencia y disfrute de la dignidad, la racionalidad y la libertad.
- Se trata de que las personas con discapacidad que pueden acceder a un trabajo, sin dejar a un lado la afirmación de que todas las personas tienen dignidad y deben ser tratadas de igual forma por el simple hecho de ser humanas. En el análisis de los

derechos de las personas con discapacidad, su autonomía, dignidad, igualdad y derecho al trabajo, no es motivo de discusión.

- En el constitucionalismo contemporáneo, *Dignidad y trabajo* son dos puntos clave; no es que cancelen los fundamentos de la libertad y de la igualdad, sino que renuevan y refuerzan su sentido "*situándolos en un contexto en el que asume importancia capital la condición real de la persona, por aquello que lo caracteriza en lo más profundo, la dignidad, y por aquello que la sitúa en la dimensión de las relaciones sociales: el trabajo*". Dignidad e igualdad, son conceptos objetivos que influencian el derecho laboral en su conjunto.
- En las Constituciones de Weimar y de Querétaro la dignidad adquiere un viso político como ideal del Estado Social, en cuestiones de intervención estatal para optimizar la convivencia de los individuos que como consecuencia de la crisis económica y manejos políticos se hallaban en condiciones sociales de desigualdad. También se anticipó al tratamiento del derecho del trabajo.
- La Ley Fundamental de la República Federal de Alemania, firmada en Bonn en 1949, y en general, el constitucionalismo de la segunda post–guerra ha considerado la dignidad de la persona humana como una proposición de la democracia del Estado.
- La sociedad y la justicia laboral se encuentran amalgamadas, puesto que ni la justicia laboral existe fuera de la sociedad, ni la sociedad subsiste sin la justicia laboral. La justicia laboral no se perfecciona en la intimidad del trabajador ni del empleador, sino en la alteridad de la relación. Es decir en esa condición o capacidad de ponerse en el lugar del otro. La justicia laboral nace cuando se reconoce la subjetividad del otro, como esencialmente idéntica con la de sí mismo, aunque sea fácticamente diversa.
- La justicia nos permite encontrar soluciones para que las personas en situación de discapacidad puedan alcanzar la igualdad en el campo laboral. Al reconocer la diversidad del otro como si fuera la de sí mismo, se puede lograr una respuesta justa y jurídica. Entonces la justicia es una virtud al servicio de trabajadores y empleadores.
- La dignidad humana es aquella condición inherente a la esencia misma del ser humano que, en una íntima relación con el libre

desarrollo de su personalidad, a su integridad y a su libertad, le dota de características especiales que trascienden lo material y que tienen una profunda consolidación en el más alto nivel de la tutela, protección y ejercicio de los derechos humanos.

- La dignidad humana también ha sido aludida en la Declaración Universal de los Derechos Humanos el 10 de diciembre de 1948 en París, Declaración Americana de los Derechos y Deberes del Hombre, adoptada en Bogotá el 30 de abril de 1948, El Pacto de Derechos Civiles y Políticos de 16 de diciembre de 1966, y el Pacto de Derechos Económicos, Sociales y Culturales de la misma fecha. Asimismo, en la Declaración y Programa de Acción de Viena de 25 de junio de 1993.
- El término dignidad, a partir de su introducción en la Declaración Universal de Derechos Humanos, está asociada al deber, a lo que se le debe a una persona, en relación con su cuerpo e integridad. La dignidad está tan vinculada con los derechos humanos, que podemos afirmar que constituyen ahora su fundamento.
- La alteridad tiene por objeto ir más allá de la identidad, invertir mi punto de vista para considerar el del otro, aceptando que la posición de uno no es la única que existe. Es la facultad que tiene un individuo sin cambiar sus creencias y convicciones, para ponerse en el lugar de otro, lo cual involucra que al tomar su lugar entienda sus diferencias y las valore, aceptando la diversidad.
- La dignidad es uno de los atributos de los seres humanos previstos en la Declaración Universal de los Derechos Humanos, la Convención Internacional sobre la Eliminación de todas las Formas de Discriminación Racial, los Pactos de Derechos Civiles y Políticos y de Derechos Económicos, Sociales, la Convención sobre la Tortura y la Convención de los Derechos del Niño.
- En la Convención sobre los Derechos de las Personas con Discapacidad, específicamente se determina que el propósito de la convención, es promover, proteger y asegurar el goce pleno y en condiciones de igualdad de todos los derechos humanos y libertades fundamentales por todas las personas con discapacidad, y promover el respeto de su dignidad inherente.

BIBLIOGRAFÍA

Aguirre Pavón, Javier Orlando, "Dignidad, Derechos Humanos y Filosofía Práctica de Kant", Bogotá, en *Vniversitas*. N° 123: 45–74, julio–diciembre de 2011.

Alcalá– Zamora y Castillo, Luis y Cabanellas de Torres, Guillermo, *Tratado de Política Laboral y Social*, , Buenos Aires, Editorial Heliasta S.R.L., t. I, 1972.

Ardao, Arturo, "El hombre en cuanto al objeto axiológico", en *Hombre y Conducta, Ensayos Filosóficos en honor de Risieri Frodizi*, Buenos Aires, Editorial Universitaria, 1980.

Aristóteles, Ética a Nicómaco, Introducción por Emilio Ledó Iñigo, Traducción y naotas por Julio Palí Bonet, Madrid. Editorial Gredos, 1985.

Aristóteles, *Política,* Edición bilingüe y traducción de Julián Marías y María Araújo, Madrid, Centro de Estudios Políticos y Constitucionales, 2017.

Atienza, Manuel, *Derecho y Argumentación,* Bogotá, Universidad Externado de Colombia, 2010.

Batista Jiménez, Fernando y Martínez Martínez, Faustino, "La incorporación de la 'dignidad humana' en los textos constitucionales" Coruña, en *Anuario da Facultade de Dereito,* Universidad da Coruña, 2005, p. 1032.

Belloc, Hilaire, *La revolución francesa,* Buenos Aires, Editorial Sudamericana S.A. segunda edición, 1967.

Bidart Campos, Germán, *Teoría de los Derechos Humanos,* México, Universidad Autónoma de México, Instituto de Investigaciones Jurídicas, Serie G, Estudios Doctrinales, n. 20, 1989.

Bochenski, Jozéf María, *Introducción al Pensamiento Filosófico,* Barcelona, Herder, 1975.

Bodín, Jean, *Los seis libros de la República,* Madrid, Editorial Tecnos, 1997.

Bernal Pulido, Carlos, "Desigualdad, exclusión y globalización: Hacia la construcción multicultural de la igualdad y la diferencia" en *Igualdad y no discriminación. El reto de la diversidad,* Danilo Caicedo y Angélica Porras, editores, Serie Justicia y Derechos Humanos, Quito, Ministerio de Justicia, Derechos Humanos y Cultos, 2010.

Burke, Edmund, *Reflexiones sobre la Revolución Francesa,* Buenos Aires, Ediciones Dictio, 1980.

Carró Igelmo, Alberto José, *Historia Social del Trabajo,* Barcelona, Industria Gráfica Ferrer Coll S.A., 1979.

Cicerón, Marco Tulio, *Sobre las leyes,* Edición bilingüe, Traducción, notas e introducción, Laura E. Corso de Estrada, Ediciones Colihue, Buenos Aires, 2019.

D'Agostino, Francesco, *Filosofía del Derecho,* Bogotá, Universidad de La Sabana, 2002.

De Sousa Santos, Boaventura, "Desigualdad, exclusión y globalización: Hacia la construcción multicultural de la igualdad y la diferencia" en *Igualdad y no discriminación. El reto de la diversidad,* Danilo Caicedo y Angélica Porras, editores, Serie Justicia y Derechos Humanos, Quito, Ministerio de Justicia, Derechos Humanos y Cultos, 2010.

De Finance, Joseph, S.J. *Ensayo sobre el Obrar Humano,* Madrid, Gredos, 1966.

De Romilly, Jacqueline, *La ley en la Grecia clásica,* traducción Gustavo Potente, Buenos Aires, Biblos, 2004.

Dworkin, Ronald, *El dominio de la vida: una discusión acerca del aborto, la eutanasia y la libertad individual,* Barcelona, Ariel, 1994.

Dworkin, Ronald, *Justicia para Erizos,* traducción Horacio Pons; revisión de la traducción de Gustavo Maurino, México, Fondo de Cultura Económica, 2014.

Dworkin, Ronald, *Los derechos en serio,* Segunda Edición, Barcelona, Editorial Ariel S.A. 1989.

Epícteto, *Enquiridión,* Edición Bilingüe, Estudio introductorio, traducción y notas de José Manuel García de la Mora, Barcelona, Anthopodos Editorial, 2004.

Eurípides, Tragedias, Madrid, Traducida por Eduardo De Mier, Biblioteca Dramáticos Griegos, v. I, 1805.

Evola, Julius, *Rebelión contra el mundo moderno,* traducción del italiano y estudio preliminar: Lic. Marcos Ghio, Buenos Aires, Ediciones Heracles, 1994.

Fernández De La Mora, Gonzalo, "La envidia igualitaria", en *Revista de Investigaciones Políticas y Sociológicas, Santiago de Compostela, Universidad Santiago de Compostela,* 2011.

Fernández Sabaté, Edgardo, *Hombre y comunidad a través de la historia,* Buenos Aires, Ediciones Depalma, v. II, 1978.

Gargarella, Roberto, *Constitucionalismo vs. Democracia,* México, Universidad Autónoma de México, 2005.

Gauthier, Florence, *Historia de la Revolución Francesa: 1789, 1795, 1802. Triunfo y muerte de la Revolución de los derechos del hombre y del ciudadano.*

Gomá Lanzón, Javier, *Dignidad,* Barcelona, Galaxia Gutenberg, S.L. 2019.

Hegel, Guillermo, *Filosofía del Derecho*, Prólogo de Carlos Marx, Buenos Aires, V. 5, Editorial Claridad, 1968.

Hernández Becerra, Augusto, *Las ideas políticas en la historia,* Bogotá, Universidad Externado de Colombia, 2001.

Hobbes, Thomas, *Leviatán,* Segunda Edición, Traducción Carlos Moya y Antonio Escohotado, Madrid, Editora Nacional, 1980.

Kant, Immanuel, *Fundamentación para una metafísica de las costumbres,* Versión castellana y estudio preliminar de Roberto R. Aramayo, Madrid, Alianza Editorial, 2012.

Kant, Immanuel, *Crítica de la razón pura,* Madrid, Alfaguara, 1998.

Lamas, Félix Adolfo, "Gnosticismo, Derecho y Ley Natural", en *Prudentia Iuris,* N. Aniversario, pp. 31–46.

Lastra Lastra, José Manuel, "Las Corporaciones de Oficios y la Libertad de Asociación en Francia", en *Revista de la Facultad de Derecho de la Universidad Nacional Autónoma de México,* México, p. 229.

Locke, John, *Segundo Tratado sobre el gobierno civil,* traducción, introducción y notas, Carlos Mellizo, Madrid, Editorial Tecnos, 2006.

Marina, José Antonio, De la Válgoma, María, *La lucha por la dignidad: teoría de la felicidad política,* Barcelona, Editorial Anagrama, 2005.

Martínez Bullé–Goyri, Víctor, "Reflexiones sobre la dignidad humana en la actualidad", México, en *Boletín Mexicano de Derecho Comparado,* v. 46 no. 136 ene. /abr. 2013.

Marx Karl– Engels Friedrich, *El Manifiesto Comunista,* Santiago, Escuela de Filosofía de la Universidad de Chile, 2012.

McCrudden, Chistopher, "Human Dignity and Judicial Interpretation of Human Rights", en *The European Journal of International Law.* Vol. 19 no. 4 2008, p. 659.

Montesquieu, *Del Espíritu de las Leyes,* Madrid, Editorial Tecnos S.A., 1987.

Nino, Carlos, *Introducción al análisis del derecho,* Segunda Edición, Buenos Aires, Editorial Astrea, 2007.

Otero, Milagros, *Dignidad y solidaridad: dos derechos fundamentales,* México, Editorial Porrúa, 2006.

Pallares, Pedro, "Una introducción a la relación entre Jacques Maritain y algunos redactores nucleares de la Declaración Universal de los Derechos Humanos" en Revista de filosofía open insight, vol.9 no.15 Querétaro ene. /jun. 2018, Guadalajara, México, 2018.

Parménides, *Poema,* Fr. 1, 10, Madrid, Istmo, 2007.

Pérez de Oliva, Fernán, "Diálogo de la dignidad del hombre", en Obras escogidas de Filósofos, t. LXV, Madrid, Biblioteca de autores españoles, 1873.

Portela, Jorge Guillermo, *La justicia y el derecho natural,* Buenos Aires, Editorial de la Universidad Católica Argentina, 2017.

Portela, Jorge, "Una contribución al análisis iusfilosófico del término 'igualdad'", en *Ciudadanía Plural de Diversidad* de Carolina Valencia Ferraz, Glauder Salomáo Leite, Paulla Chistianne Da Costa Newton, Coordinadores, Sao Paulo, Editora Verbatim Ltda., 2012.

Platón, *Diálogos,* introducción general por Emilio Lledó Iñigo, traducción y notas por Julio Calonge Ruiz, Emilio Lledó Iñigo, Carlos García, Madrid, Biblioteca Clásica Gredos, 1985.

Platón, *Eutifrón,* Madrid, Obras Completas, Edición Patricio de Azcarate, tomo I, 1971.

Platón, *La República,* Madrid, Biblioteca Clásica Gredos, 1988.

Platón, *La República,* Traducción directa del griego por Antonio Camarero, Buenos Aires, 24ª edición, Eudeba, 2018.

Río, Manuel, *La esencia del derecho, la justicia–la ley,* Buenos Aires, Artes Gráficas, 1970.

Rodotá, Stefano, *El derecho a tener derechos,* Madrid, Editorial Trotta, 2014.

Rousseau, Jean, *El contrato social,* traducción Halpelín Donghi, Buenos Aires, Editorial Lozada S.A., 2003.

Rousseau, Jean, *Discurso sobre el origen de la desigualdad de los hombres,* Madrid, Editorial Calpe, 1923.

Rouaix, Pastor, *Génesis de los artículos 22 y 123 de la Constitución Política de 1917,* México, Biblioteca Constitucional, Instituto Nacional de Estudios Históricos de las Revoluciones de México, 2016.

Saba, Roberto, "(Des)igualdad estructural" en *Igualdad y no discriminación. El reto de la diversidad,* Danilo Caicedo y Angélica Porras, editores, Serie Justicia y Derechos Humanos, .Quito, Ministerio de Justicia, Derechos Humanos y Cultos, 2010.

San Agustín, *Obras de San Agustín, Ciudad de Dios,* Edición Bilingüe, XVII, Segunda Edición Preparada por el Padre José Morán, Madrid, Biblioteca Autores Cristianos, 1965.

Singer, Peter, *Repensar en la vida y en la muerte,* Barcelona, Buenos Aires, México, Editorial Paidós, 1997.

Tello, Belisario, *Eidología y Analogía de la justicia y la amistad,* Córdoba, Arkhé, 1965.

Tomás de Aquino, Santo, *Suma Teológica,* Parte II–II (a), Madrid, Biblioteca de Autores Cristianos, 1990.

Villar Mir, Juan Manuel, *Trabajo humano,* Madrid, Gran Enciclopedia Rialp, tomo XXII, Ediciones Rialp S.A. 1971.

Waldron Jeremy, *Democratizar la dignidad: estudios sobre la dignidad humana y derecho,* Bogotá, Universidad Externado de Colombia, 2019.

Weil, Simone, *Raíces del Existir,* Buenos Aires, Editorial Sudamericana S.A., 1949.

SITIOS WEB:

Benignitas et Humanitas, http://www.vatican.va/content/pius–xii/es/speeches/1944/documents/hf_p–xii_spe_19441224_natale.html.

Caso Manuel Wackengeim vs. Francia, http://hrlibrary.umn.edu/hrcommittee/spanish/854–1999.html.

Encíclica *Caritas in Veritate,* https://www.vatican.va/content/benedict–xvi/es/encyclicals/documents/hf_ben–xvi_enc_20090629_caritas–in–veritate.html.

Encíclica *Casti Connubii,* http://www.vatican.va/content/pius–xi/es/encyclicals/documents/hf_p–xi_enc_19301231_casti–connubii.html.

Encíclica *Divini Redemptoris,* http://www.vatican.va/content/leo–xiii/es/encyclicals/documents/hf_l–xiii_enc_10021880_arcanum.html.

Encíclica *Fratelli Tutti,* https://www.vatican.va/content/francesco/es/encyclicals/documents/papa–francesco_20201003_enciclica–fratelli–tutti.html.

Encíclica *Laborem Exercens* del Sumo Pontífice Juan Pablo II http://w2.vatican.va/content/john–paul–ii/es/encyclicals/documents/hf_jp–ii_enc_14091981_laborem–exercens.html,

Encíclica *Laudato Si,* https://www.vatican.va/content/francesco/es/encyclicals/documents/papa–francesco_20150524_enciclica–laudato–si.html.

Encíclica *Mater et Magistra,* http://www.vatican.va/content/john–xxiii/es/encyclicals/documents/hf_j–xxiii_enc_15051961_mater.html.

Encíclica *Pacem in Terris,* https://www.vatican.va/content/john–xxiii/es/encyclicals/documents/hf_j–xxiii_enc_11041963_pacem.html.

Encíclica *Populorum Progressio,* https://www.vatican.va/content/paul–vi/es/encyclicals/documents/hf_p–vi_enc_26031967_populorum.html.

Encíclica *Quadragesimo Anno,* http://www.vatican.va/content/pius–xi/es/encyclicals/documents/hf_p–xi_enc_19310515_quadragesimo–anno.html.

Encíclica Rerum Novarum, http://www.vatican.va/content/leo–xiii/es/encyclicals/documents/hf_l–xiii_enc_15051891_rerum–novarum.html.

Evangelii gaudium https://www.vatican.va/content/francesco/es/apost_exhortations/documents/papa–francesco_esortazione–ap_20131124_evangelii–gaudium.html.

Gaudium et spes https://www.vatican.va/archive/hist_councils/ii_vatican_council/documents/vat–ii_const_19651207_gaudium–et–spes_sp.html.

González, Ana Marta: *"La dignidad de la persona, prepuesto de la investigación científica y concepciones de la dignidad"*, https://core.ac.uk/download/pdf/83568887.pdf .

López Arnal, Salvador, "Acumulación, ejército industrial de reserva, depauperación" en *Rebelión,* https://rebelion.org/acumulacion–ejercito–industrial–de–reserva–depauperacion/.

Machado, Antonio, *Juan de Mairena,* Elejandría, https://www.elejandria.com/libro/juan–de–mairena/machado–antonio/1165.

Michelén, Sugel. "El pecado original y el libre albedrío" https://www.coalicionporelevangelio.org/entradas/sugel–michelen/el–pecado–original–y–el–libre–albedrio–en–la–teologia–de–agustin–de–hipona/.

Miras Albarrán, Joaquín, *La democracia jacobina.* https://ddd.uab.cat/pub/reprep/18861970v2/18861970v2a13.pdf.

Papa Benedicto XVI, *CONGREGACIÓN PARA LA DOCTRINA DE LA FE,* Instrucción, *Dignitas Personae,* Sobre algunas cuestiones de Bioética, El Vaticano, 2008, http://www.vatican.va/roman_curia/congregations/cfaith/documents/rc_con_cfaith_doc_20081208_dignitas–personae_sp.html.

Papa Juan XXIII, Carta Encíclica *Pace, in terris,* párrafo 145 https://www.vatican.va/content/john–xxiii/es/encyclicals/documents/hf_j–xxiii_enc_11041963_pacem.html.

Papa Francisco, https://www.vaticannews.va/es/papa/news/2020–08/catequesis–papa–francisco–audiencia–general–12–agosto–2020.html,

Papa León XIII, Carta Encíclica *Arcanum Divinae Sapientiae* http://www.vatican.va/content/leo-xiii/es/encyclicals/documents/hf_l-xiii_enc_10021880_arcanum.html.

Prévand, Jean Francois, Flotats Josep María, Voltaire/Rousseau, la disputa, https://www.google.com/search?q=cada+vez+que+leo+sus+obras+me+vienen+ganas+de+andar+en+cuatro+patas+Voltaire&oq=cada+vez+que+leo+sus+obras+me+vienen+ganas+de+andar+en+cuatro+patas+Voltaire&aqs=chrome..69i57.13133j0j15&sourceid=chrome&ie=UTF-8#.

Pico de lla Mirandola, Giovanni, *Discurso sobre la dignidad del hombre,* https://biblioteca.acropolis.org/discurso-sobre-la-dignidad-del-hombre/.

Radiomensaje de Navidad de su Santidad Pío XII, http://www.vatican.va/content/pius-xii/es/speeches/1942/documents/hf_p-xii_spe_19421224_radiomessage-christmas.html.

Secretaría de Trabajo y Seguridad Social y otros, "Legislación y trabajo infantil" en *Sistematización del I Taller Parlamentario Regional,* Tegucigalpa, 2004, p. 19. file:///C:/Users/kater/Downloads/2004_lar_cl_sistematizacion_tallerinterparlamentario_legislacion_es%20(1).pdf.

Sumo Pontífice Pío XII, radiomensaje *"Benignitas et Humanitas"* de 24 de diciembre de 1944 http://www.vatican.va/content/pius-xii/es/speeches/1944/documents/hf_p-xii_spe_19441224_natale.html.

NORMAS JURÍDICAS:

Internacionales:

Constitución Política de los Estados Unidos Mexicanos publicada en el Diario Oficial de la Federación el 5 de febrero de 1917.

Constitución Alemana de 11 de agosto de 1919.

Constitución de la OIT.

Declaración Universal de los Derechos Humanos.

Declaración Americana de los Derechos del Hombre.

Declaración de los Derechos del Hombre y del Ciudadano.

Declaración de la OIT relativa a los principios y derechos fundamentales en el trabajo y su seguimiento.

Pacto Internacional de Derechos Civiles y Políticos.

Pacto Internacional de Derechos Económicos, Sociales y Culturales.

Protocolo de San Salvador.

Convenio No. 159, OIT.

Convención Internacional sobre los derechos de las personas con discapacidad.

Convención Interamericana para la eliminación de todas las formas de discriminación contra las personas con discapacidad.

100 Reglas de Brasilia.

Nacionales:

Constitución de la República del Ecuador.

Ley Orgánica de discapacidades.

Reglamento a la Ley Orgánica de discapacidades.

Código del Trabajo de Ecuador

Código Orgánico General de Procesos.

Código Orgánico de la Función Judicial.

Sentencias:

Corte Constitucional del Ecuador, Quito, en autos "Segundo Aurelio Branda Guerrero/ Acción extraordinaria de protección en contra de la sentencia del 28 de agosto de 2012, dictada por la Primera Sala de lo Laboral, Niñez y Adolescencia de la Corte Provincial de Justicia del Guayas, dentro de la acción de protección N. 0430–2012, caso no. 1557–12", sentencia No. 057–2017–SEP–CC, 08–03–17.

Corte Constitucional del Ecuador, Quito, en autos "Zenón Estuardo Bajaña García/ Acción extraordinaria de protección en contra de la sentencia dictada por la Sala Especializada de lo Civil, Mercantil, Laboral y Materias Residuales de la Corte Provincial de Justicia de Los Ríos, el 15 de julio de 2011, dentro de la acción de protección no. 1097–2012", sentencia No. 093–14–SEP–CC caso no. 1752–11– EP.

Corte Provincial de Justicia de Pichincha/ Sala Laboral, Quito, en autos "Diego Guillermo Villacrés López/ Acción de protección en contra de la Universidad Central del Ecuador, caso no. 17159–2017–00002".

SOBRE LA AUTORA

La doctora Katerine Muñoz Subía en su formación académica ha obtenido los siguientes títulos:

Doctora en Ciencias Jurídicas, PhD. por la Pontificia Universidad Católica de Argentina "Santa María de los Buenos Aires". Especialista superior en Tributación, y especialista superior y magíster en Derecho Procesal por la Universidad Andina Simón Bolívar, sede Ecuador. Doctora en Jurisprudencia, abogada de los Tribunales y juzgados de la República y licenciada en Ciencias Públicas y Sociales por la Universidad Central del Ecuador.

Es funcionaria judicial con más de 30 años de servicio y ha desempeñado varios cargos, siendo los últimos Presidenta Subrogante de la Corte Nacional de Justicia, Presidenta y Jueza de la Sala Especializada de lo Laboral de la Corte Nacional de Justicia, Presidenta y Jueza de la Sala Laboral de la Corte Provincial de Justicia de Pichincha.

Ha sido docente universitaria de pregrado en la Universidad de las Américas, Universidad Internacional del Ecuador, y en posgrado en la Universidad Autónoma de los Andes, Universidad Tecnológica Indoamérica, Universidad de Cuenca, Universidad de Especialidades Espíritu Santo y Universidad Nacional de Chimborazo.

Miembro de número de la Asociación Iberoamericana de Derecho del Trabajo y de la Seguridad Social "Dr. Guillermo Cabanellas"

Ha escrito varios artículos relacionados con el Derecho y participado como conferencista en varios eventos nacionales e internacionales.

ACCESO GRATIS *a la Lectura en la Nube*

Para visualizar el libro electrónico en la nube de lectura envíe junto a su nombre y apellidos una fotografía del código de barras situado en la contraportada del libro y otra del ticket de compra a la dirección:

ebooktirant@tirant.com

En un máximo de 72 horas laborables le enviaremos el código de acceso con las instrucciones de acceso